AF560898

MONIKA RINCK

ALLE TÜREN

GEDICHTE

ALLE TÜREN AUF

DIE REINE AFFIRMATION

Ich hatte Ja gesagt. *Double-Oui* und Ja gesagt. Ja.
Es gibt auch keine andere Möglichkeit. Tür auf.
Dass Operettenverschwörer singen, ist plausibel.
Aufgerissen tragen sie die Türe, weil sie kühlt,
mit sich durch die Wüste. Wo nur eine Straße durch
die sich immerzu vergrößernde Bühnenwüste führt.
Auf die Bühne öffnen sich mit Kawatz acht Doppeltüren,
durch die ein Wirbel hineinstürmt, es ist das Ensemble.
Gereckt sei jede Feder seiner gellenden Bekleidung.
Es handelt sich um einen medialen Regentanz.
Nachdem es scheppert, treten alle gleichzeitig ab.
Dann kommt das Wasser. 300 Kubik pro Sekunde.
Dass Operettenverschwörer singen, ist plausibel.
Gab Kraus zu Protokoll, doch *Opernverschwörer*
meinen es ernst und schädigen damit *den Ernst*
ihres Vorhabens. Sie blieben besser in Deckung.
Sandsieb. Jedes Korn gehoben, durchkomponiert.
Die dämonische Eingebung einer Harmoniehalle,
die nur aus Schatten und Schattenhaften besteht.
Darin sage ich jetzt Nein: *Non.* Und verspreche mir
davon eine größere Freiheit, als sie im Jasagen lag.

AN DEN ÜBERGÄNGEN

An den Übergängen folgt *Sonbahar* auf *Ilkbahar*,
sie liegen aufeinander wie ein falsch gebundenes Buch
über Kraft und Verwirrung, über Angst und Osmose,
und über Menschen, die an Nachrichten erkranken.

Kaum verständliche Erläuterungen, die die Behauptung
wahren sollen. Unterlegt von Angst sind sie verständlich.
Dem sich Fürchtenden leuchtet alles ein, im Rahmen
seiner Angst. Es hat sich ausgewundert, sagt die Furcht.

Die Angst als Ratiolekt nicht zuzulassen, sie abzupassen.
Sie woanders abzustellen. Auf die andere Seite gedreht.

Ich hätte jetzt gerne, dass es regnet
und nicht mehr aufhört, dass es
aus vollem Herzen regnet, dass alles
wegschwimmt, dass ich hier bin
und nirgendwo sonst. Regne. Regne.

Es regnet seit Stunden und ich möchte
mit guten Freunden an einem anderen Ort
guten Wein trinken. Sofort.

WIE ETWAS ERSCHEINT

But the man who comes back through the Door in the Wall
will never be quite the same as the man who went out.
Aldous Huxley: *The Doors of Perception*

Gewisse Anzeichen dafür, wie etwas erscheint. Es sieht aus wie Erregung.
Ich seh die Türen klappern. Der Tapir tanzt in einem Zeremonienhaus (aus Matsch).

Wenn ich eine Türe schließe, öffne ich den Raum des Imaginären.
Die Deutung beginnt, sie fängt sich was ein. Sie erkrankt.
        Eine Tür bedeutet dagegenzurennen.
                Eine offene Tür bedeutet: Willkommen. Verfall. Rikiki. Geldnot.
                Eine geschlossene Tür: Geldnot. Einsamkeit. Rikiki. Security.

Was ist dahinter? Dahinter ist in jedem Fall ein sehr großes Ohr.

Es heißt, eine Tür führe nirgendwohin. Wand.
Man sagt von ihr, sie gehe auf (oder nicht).

Wie aber stelle ich eine Tür dar? Mithilfe der Klinke?
Oder der Hand am runden Knauf? Ich sage ein Gedicht
                                        (von James Tate)   auf.

Und warum nennt man sie *PORTE*? Weil die Römer den Pflug,
mit dem sie die jeweilige Pforte in die Befestigungsanlage
zu reißen pflegten, an die betreffende Stelle trugen – na, nee.

Und das alles hat sich genau so (!) zugetragen.

GROSSE EMPFINDLICHKEIT GEGEN OFFENE TÜREN

Benjamin, Hauptzüge der ersten Haschisch-Impression:
Große Empfindlichkeit gegen offene Türen.
(An 2. Stelle: lautes Reden, an 3. Stelle: Musik.)

Wie sicher ein Ort wohl sein mag …
den verunsicherten Körper zu tragen,
von hier nach da, ihm sagen: Du bist jetzt da.
Hier. Morgen wirds noch wärmer werden.

Es war irgendwann kein Ort mehr sicher, kein Ort mehr leer.

Zusammenhalten. Gehen die Gedanken in zu weiten Gängen,
Zügen, verschwänden sie? Und die Kühle wäre nur noch ein Raum?

Der Raum hat sich verändert. Schreit mich nicht von der Seite an.
Ich habe nicht geklagt. Ich ulkte. Ich ulkte, Mann. Themenwechsel.

Ein zugiger Stil – nichts saß.

In der Brise, Klügling, wünschen (wüschen) wir uns die Finger mit Suppe.
Nein, die Münder mit Seife.
                    Ihr habt also schon wieder,
Türen auf, etwas nicht Korrektes zugelassen – verzeihen Sie mir bitte.

Ich verzeihe Ihnen. Aristotelische Türen.
                                        Das, was ich heraustragen muss,
                                        um darinnen zu sein.

Die Türen sind aus Glas. Ich sehe mich in schlechter Körperhaltung am Schreibtisch
sitzen und tippen.

Da ist diese lose halbverzweifelte Stimme,
die die Produktion nicht aufhalten kann
und fremde Scherben verleimt.

          Die Stimme tönt durch die halbgeöffnete Tür:
                    Ich bin da, wo es nicht denkt, und ich bin nicht da, wo es denkt.

DAVONZIEHENDE TÜREN, HOCHRASANZTRAUMA

Grillengesumm. Morgenlicht. Eine Tür verschwindet von hier.
Die Tür versickert im Jenseits. Die Summe geht nicht mehr auf.

Sie (die Türe) wird an andrer Stelle in die Wand gebrochen,
mit einem von Römern in die Tropen geschleppten Pflug. Doch:
Auch diese Türe ist eines Morgens verschwunden.

Frontalaufprall,
blanke Angst, waagrechte Leiter, jahrelange Untertunnelung.
Kurz darauf: Einsturz des Tunnels. Ein sehr großer Umweg.

Dennoch bitte nicht im Dunkeln sorglos am Straßenrand gehen.

Der Fahrer –
betastete er nicht am Seitenstreifen die liebe harte Rinde,
verhakte er dein Leben nicht mit niedrigen Ästen, zog er dich nicht
als feierliche Schleppe über die Böschung und suchte,
suchte, suchte (er nicht), dich kommen sehend,
noch nach einer Tür?

Bitte nicht im Dunkeln sorglos am Straßenrand gehen.

Die Rippen ragen, der Flügel
ist ab, die Stoßstange federt. Sie federt wie eine Ente im See.

Die Forelle ist leise, die Regeln sind da, die erfasste Passantin
als Ganze sowie in Teilen   Grillengesumm. Morgenlicht.
Die in der Geschwindigkeitswand so ungemein entsetzlich

fehlende (Tür).

LEIER RAUS ZUM PARAKLAUSITHYRON

> *tock tock tock tock tock tock tock tock tock tock tock tock*
> *tock tock tock tock tock tock tock tock tock tock tock tock tock*
> Jacques Offenbach: *Die Banditen*

Lieder, die davon handeln, vor einer verriegelten Tür zu stehen,
nennt man: Paraklausithyron.

Wer kommen will, soll kommen.

Messe mit Freiwilligkeit.

Der Don misst nicht mit Freiwilligkeit.

Das sind alles deine Wellen. Deine Wellen.

Hielten die Türen geschlossen. Der Puma öffnet sie mit einem Hieb.
Die abgesperrte auch. Metalltassen klappern und klingeln.

> Am Übergang
> weiß man nie, wo oder was
> oder worin die eigentliche Gefahr

Und ich stand da. Wäre ich doch gegangen.
Ich Schnalle. Der schlief. Tief und fest. Und vollgepumpt.

Ich wartete überdreht im Treppenhaus, die ganze Nacht.
Dachte, es sei etwas passiert. Geringstenfalls Mord.

Das hätte ich längst vergessen:

(...)

Ey ich war 23

DER REGLER

Halblegale Transaktionen ... ... dein mürber Kopf
regelt den Winkel, die Zahlen, reiht die Nummern, zählt
die Frequenz, in der das Licht flackert, der Strom ausfällt,
der Körper ermüdet, sich hinlegt, die Verwandten sterben,
sterben, sterben ... und die Trauer eben keine Lehre ist.

Nicht bei der Trauer in die Lehre gehen, Regler.

Der Regler. Der hochgedrehte Regler.
Und ein spektakulärer Sonnenuntergang,
worin die Sonne untergeht und lange,

sehr sehr lange nicht mehr auf.

Wir sprechen von mehreren Jahren.

Aber wir sprechen nicht.

DAS TURNUSGEMÄSSE DRÜBERLAUFEN DES LÖSCHROBOTS

Srecklich srilles Gesrei einer Gäng von Papageien.
Die formationsfliegenden Vögel über dem Wasser.
Erst in Weiß, dann in Grau. Sie waren wirklich da.

Das Schlimmste an der Löschung ist, dass sie nicht spurlos ist.
Nicht, dass ich mir nichts merken kann, ist, was mich stört,
sondern wie sich der Ausfall der Speicher bemerkbar macht.
So dass mir bewusst wird, was ich nicht mehr denken kann,
und denke es doch nicht. Die geöffneten Türen und die Idee.

Die Idee, auf Türkisch: Hast du vergessen. Hast du vergessen!

Fikri? Fikriler? Wirklich? *Fikir. Sabit Fikir. Tu n'as pas d'idée.*
sabit fikirli – engstirnig … *açık fikirli* – aufgeschlossen.

Ich ringe um etwas, das ich einst hatte: eine unmögliche Position.

Gibt es rücksichtlich der Prozesse nicht eine gewesene Kreuzung,
an der ich mich noch Jahre später anders könnte entscheiden,
und dann wäre dies – damals wie heute – eine ganz andere Stadt?
Hab keine Angst. Was heute gilt, kannst du auch morgen entscheiden.

Ich bezweifele das.

Alles riss sie mir so aus den Händen,
das umgeschlagene Blatt, die eben noch gelesene Zeile,
das laue Buch, den Krankheitsbericht –
auf Spuren hat sie dennoch was gegeben,
die ließ sie mir, sie markierten: es ist etwas da,
das verschwand. Das heißt: es war. Höllenwand.

Die offene lahme Hand.

Dampfmaschine Hakeleien Azaleen Akeleien
Kleine Pumpen hüpfen. pömp. pömp. pömp.
Diese Sehnsucht nach Spurlosigkeit.
Doch sag jetzt nicht, sie muss weg.

AUS DEN MÜDEN AUGEN

Freiheit und Heimsuchung sind zwei Seiten der gleichen Erfahrung. Wenn man eine Zukunft voller Vergangenheiten heraufbeschwört, gewährleistet eine von Geistern heimgesuchte Freiheit, dass man weitermachen und sich zugleich erinnern kann.
Anna Lowenhaupt Tsing: *Der Pilz am Ende der Welt*

Aus den müden Augen quillt der neue Tag.
Aus oder in? Mehrspurigkeit. Türen im Tunnel.
Verkehrsleitsystem. Müdigkeit am Morgen.
Weitermachen. Warum das nicht schneller geht?
Bohren. In den Sorgen bohren. Der Körper
macht das ganz fantastisch. Gib mir deinen Kopf.

ALLE TÜREN AUF, PUTZI

Der Befehl lautete, alle Türen zu öffnen.
Nicht genug: Die Scheiben zerschlagen. Zerschlug sie.
Und ließ auch die Schlösser weg. Aufgeschlossenes Leben.
Mehrfach geschachtelte Exklamation: *Yeah yeah yeah*.

Sie erklärten mir: Daher fahren die nachts immer besoffen.
Weil es gar nicht anders geht. Das verschlossene Leben
soll sein verschlossenes Leben alleine leben. Mit andern Verschlüssen.
Und auch bei geöffneten Türen wollte der vervierfachte Dichter
(also ein Viertel* von ihm) nicht mehr an geschlossene denken.

Den Atemfluss anstelle des so ungegenständlichen Endes,
er schwappe; dass es aufhört, wolle man generell nicht.
Das Wasser soll kommen.
Anhaltender Regen fließt die steilen Gassen hinab. In den Cafés
tanzen Touristen mit Einheimischen mit Touristen. Sie atmen.
Werden leichter, erst feucht, dann nass, dann noch leichter!

Es folgt eine harte Auseinandersetzung über Flügel.
Die Seele, sie sei unbeschwert, wenn sie denn geht, dereinst.
Die Operette braucht die Schwere, um sie zu verhampeln.
Luftwesen, Pferdefüß. Hüfte und Huf. Hohe Schuhe, Alexander McQueen.
Aufhören aber bleibt wohl doch am Horizont. Unausweichlich.

Und in Magenta© geht die Sonne wieder auf.
Wie eine Tür, von Mund zu Mund,
gekalkt mit Kreide, Pulver, Schnee.
Am kühlen Morgen nach der kalten Nacht.

Das Licht am Morgen fragt: Ob jemand eine Antwort
auf die Frage hat, ob die Kraft dem Menschen selbst gehört,
ihm innewohnt, ihr innewohnt,
oder ob sie doch dem Strömen ist, worin er steht,
worin sie steht
und sich behauptet, oder nicht?

* namentlich Álvaro de Campos

WIE TEUER ES IST

Ist das teuer, teurer Mensch? Sehr teuer, meine Teure. Mensch, hast du noch etwas zu vergeben? Hast du kassiert? Was hat der Mensch gesagt? Wirbelten nicht seine Finger auf den Tasten? Rief der frühe Mensch nicht überdeutlich seine Wünsche allen Apparaten zu? Die Apparate machten, was sie konnten, sie parierten, unauslöschlich. Metadaten. Metadaten. Alle Türen waren dabei sperrangelweit geöffnet. Nochmals: Ist das teuer, Mensch? – Kommt drauf an, für wen.

BEHANDLUNG: GUT

J'ai longuement cherché dans tous les dictionnaires
ce que ça voulait dire, une porte.
Jacques Lacan: *Psychanalyse et cybernétique ou de la nature du langage.*

Wie stählern diese Vorderseite (ist). O.
Wir legen dich auf eine dünne Matte. Knete.
Umflattert von Geflügel, das schreit und das quiekt.
Es sind wohl die Reviere – Drohgebärden –
die umkämpften Reviere gemeint.

Hast du es schon wieder vergessen? Alle Türen auf, Putzi!
Lass die Verfeindeten bei dir einkehren. Labe sie.
Lass sie kerben deine Vorderseite. Kosen dich. Super.

Schreib auf, was sie dürfen und was nicht. Und auch, wann.
Entscheide dann, was das bedeutet.

Ich aber sage dir:
Du wirst nie alles definitorisch regeln können.
Ist so. Der Gebrauch! Weißt du – der Gebrauch!

MERKSATZ

Wenn es runtergeht wie Butter,
ist es vermutlich Propaganda.

OFFEN LASSEN

Die geöffneten Türen, der Wind zieht hindurch.
Lass sie offen, du sperrtest dich sonst mit Dämonen ein.
Diese sollten kommen und gehen. Binde sie nicht.

Dann die Angst, gar nichts mehr festhalten zu können.

NEGATIVITÄT & RAMSCH

Liebste Leute vom Deutschen Idealismus, liebe Nationalromantiker,
ich weiß nüsch, wer ihr seid. Machen wir Vorstellungsrunde, ja, nein?
Hier sind kritische Keime in Urteil und Schluss, WUT in Form von Thesen.
Drei Punkte stehen für Auslassung aus datenschutzrechtlichen Gründen,
nein schlicht: für Verweigerung. Der Gesetzgeber schweige am Weiher.

Negative, übellaunige Poetologie. Seminarplan: Frühstücksbüffet.
Böse Worte für gute Dinge. Zum Beispiel: Kutsche. Antigenre-Genre.
Rund um den Weiher stehen eingemachte Angler in Latex, sie popeln.
Halt, eine Frage: Bisch du der Stallvertreter des Detuschen Idenalismus?

Nein. Bisch du, nein, äh, seid ihr das Material, das Material des Menschen,
meine ich, das wäre ALSO: Lebend-Fleisch in einer *Orange Chamber*?
N° 28. *Dog Talk*. Hundegespräch. *Gossip* des erzwungenen Diskurses.
Öffnet jetzt die Leerräume. Gibts nicht mehr. Leere ist alle. Vafammt.

Atmen Sie gesträubte Luft? Nein. Was nicht ist, kann ich nicht verneinen.
Bedarf das Ich der Anderen? Freilich! Nicht-Ich? Fällt Schnee statt Regen?
Beerdigt, verhüllt, gekühlt, purifiziert, das ist alles Kultur. In flüssigem Gas.
Der Onkel wird fallen. *DESTROY, she said*. Jetzt hat man sie am Rücken.

Genau. Ein fröhliches, fast erleichtertes Bewusstsein davon, dass – Zitat:
die Bemühungen, die Welt planvoll zu ändern, gescheitert sind. Zitatende.
Hingabe, oder anders gesagt: Randale. *Let us consult / what reinforcement
we may get from hope / if not what resolution from DESPAIR*, so Milton.

Die Adresse ist ganz aufgeblattert, Kontext versprengt. Kurz nach drei
schreibt die Geliebte in der knüppelnden Senke des Morgens, sie sei
entlaubt oder entlobt, das ist schwer zu entziffern. Bemerke auch
die lieben Organe, beherrsche, beherzige, belebe und belabere sie.

Schimpftiraden, sag zum Beispiel SAFTGESICHT, um ein Bewusstsein
von Signifikation zu schaffen. Das ist Peirce mit dem Finger am Mond.
Beleckt von Katzenzungen der Skepsis. Form und Inhalt, es sei denn,
es wäre in der Tat ein Schwein. Lob der Warenwelt! Bitte, bleiben Sie so.

Schwein ist ein gutes Wort. Die Frage ist NICHT, ob das Kunstwerk misslingt,
sondern in welchem Maß sein Misslingen notwendig wurde. Verneuerung.
Sprich mit der Maschine. Sie hört dir ganz genau zu. Das ist Dialektik.
Das braucht einen Ausweich. Einen Einweichtermin. Ist endlich dahin.

Beliebte Funkhumoristen verkaufen sich im Feature „Negativität & Ramsch“. Sie kommen damit gerade so über die Runden. Brüllaffen. Knaller. Brillantfeuerwerk. Zuspruch vom Verein für Katzenfreunde. Das weiche, das weiße, das Fell zwischen den Taufen. Riffelraffel. Ein anderer Zuspruch kommt nicht. Spiel die Zither. Ich spiele sie. *You just invented Philosophy*. O. *Oui*. Jemandem in der Zukunft verpflichtet zu sein. Wie so ein Funkhumorist, unter Ausschluss der Gegenwart. Etwas passierte, das unabhängig war von Individuen. Der legale Begriff erfuhr seine rituelle Entladung. Puff. *Six weeks beyond deadline!*, so die Herrenredakteure zu den Funkhumoristen. Kennen Sie den Witz, den Witz vom Hotel in Ostdeutschland? Also, da ist ein Hotel, ein Hotel in Ostdeutschland, kommt ein Mann, ein Gast, legt hundert Euro auf den Tresen: Ich will Zimmer sehn. Und so weiter und so fort. Der Funkhumorist: *Donner Les Temps. Logical Chagrin*. Negativität ist das Gelenk. Sie ist ein seelischer Vorgang. Was aber ist Ramsch? Eine unzusammengehörige Menge längst aus der Mode gekommener Waren. Das, was übrig bleibt, es könnte die Rettung sein, oder der Müll. Die Funkhumoristen flüstern: Negativität als Gelenk, Ramsch als Geschenk. Ein Zither-Carpatscho beschließt das betreffende Feature.

Aus der Richtung des Nichts tritt die Überlieferung. Ist hiermit wichtig.
Denn sie ist ditt, was hinzutritt. Regenvorhang zugemacht, fragte ich:
Reicht sie hin, die Überlieferung? Hat sie sich erklärt? Dusche, Dichtung,
Täterwissen! Ich frage: Hat sich der Chronist unter der Dusche erkältet?
Weiß er, wer er ist? Er schnieft. Die Welt erscheint ihm mit einem Mal kühl.
Jetzt sagt er: Ich. Das Ich als Larve, als Marke, das Ich als irgendwas,
das zimtig riecht, als Angestellte, Losgeschickte, Wolkenbruch, als Ratsche,
als Wesen, das sich immer freikaufen muss und dem dies niemals gelingt.
Das Ich als Fabrik, als zaghafte Zeugin der zittrigen Schönrednerei. Als *Master*
of Zusammenfassung. Ich öffne nun den Regenvorhang wieder und sehe,
wie sich der erkältete Chronist einem gefallenen Ritter gegenüber erklärt.
Über Einzelheiten schweigt die Überlieferung und tritt ins Nichts zurück.

A QUESTION OF DADDIFICATION

Der Sinn der Tradition wird hier erläutert.
Schau dir das an: In welcher Reihe zu stehen er sich verkleinert,
u nickt. Bitte: Nicken. Ich auch. Nur als Zeremonie auszuhalten.
Die eigene Stimme als einzige Rettung. (1 dünnes Netz.)
Veranstalter geht aus mit ihm, aber nicht mit mir. Ich beharre.
Ich soll kein Bier bestellen. Prof hält mich für 1 Knalli.
Ich kann seinen Namen nicht buchstabieren.
Sie haben sich übernommen, sagt er.

Sie fragen mich, weil sie irgend etwas anders machen wollen,
doch, zögerlich, ganz so anders auch wieder nicht. Zaschellet!

Ich verkörpere das dann u sie lassen mich 1 bisschen baden gehen,
damit alles doch wieder so bleiben kann, wie es war.

Ich erfülle hierbei die wichtige Rolle des vorgeführten Gastes.

Schaust du in die Scheibe, fällst du in dein Auge rein ... wie in 1 swarzes Loch.

Oder als ich damals in Köln alles Datenvolumen in 1 einzigen Nacht aufgebraucht hab.

U alles, woran ich mich nicht mehr erinnern kann ...

U jetzt spreche ich schon vor mich hin wie die Irre vom Nebensitz ...
die mit dem Loch am Rücken u dem steifen Bein u den hohen Schuhen.

Als sei ich ganz alleine aus der Zeitmaschine ausgestiegen ...
oder als ob die 1 Zweituniversum entworfen hätte ...
versehentlich wie Sophia in der valentinianischen Gnosis die Welt ...
u darin mit 1 paar frierenden u brüllenden Irren während 1 erneuten Eiszeit alleine
zu sein ... +
ohne *Złoty*

interessant

Jederzeit tritt es ein: e t w a s zu beginnen,
das man nicht mehr beenden kann. Talente oder
Fossilien. Jederzeit kann es beginnen, dass alles,
was man nicht mehr ist oder auch gar niemals war –
sich mehrt, Gemisch! Der Angstkomet stürzt schrill
in Richtung unserer Mutter Erde. Und knapp verfehlt.
Hier die Anleitung zur Löschung der Kosmogonie:
Nehmen Sie Nebel! So dass Phantome, Plankton,
Phänotypen, Mützen, Mösen und Nationen sowie Planken
alle ganz aus Nebel sind. Regeln Sie dann den Nebel
einige Stufen herunter. Regeln Sie ihn dann wieder herauf.
Auch ich muss umschalten. Ich habe Gummi getrunken!
Ich bin von innen verplombt und nutze den Nebel als Zelt.
Ich kann, was ich träume, gar nicht mehr tragen, Ernstjan-
dokles! Was kann ich dir, ja was soll ich dir sagen?
Ich liebe gute Gesetze und gute gesetzestreue Leute,
die guten Gesetzen gehorchen, sowie eine Reihe
illegaler Drogen. O ihr Nebelhörner, tutet! Alles fällt!
Durch die harte Schale (Havarie der harten Schale)
sehe ich, dass man oft länger lebt, als dass es gut ist.
Die atomare Vernichtung allen Lebens, mit lieben Grußen
in die große Runde, wäre ja auch das sichere Ende
gewisser Probleme. Ich melde: Habe Gummi getrunken.
Ich sehe jetzt den Reiz von diesem digitalen Codo in Rot
blinken und im Nebel flackern. Ich sag mal, es verfinstert sich.

DAS WORT: KNIRSCHEN

Hark. Hark. Hark. Schamane der Versteinerung.
Der junge Mann begegnet mir als alter Mann
und schaut mich mit dem Vogel an.
Hark, hark, hark, hier ist, was der Vogel sang:
Wenn der Regen (...) dich tröstet, wach auf.
Ich war erstaunt, hielt den Regen gar nicht für möglich.
Fragt mich doch: Was war es noch, was der Vogel sang?
Er sang: Da waren Chips und ich aß sie.
Aha. Ein zweites Modul schloss sich an:
Ich bin ein Unternehmer. Ich bin Eis. Aus Wasser.
Im Zuge der Versteinerung war dies, was der Vogel sang.
Kurz darauf waren alle verliebten Meister vergangen.
Hark, hark, hark, alle fünf Minuten dunkelt der Gang
und füllt sich von oben bis unten mit Steinen.
Hier ist, was der Vogel nicht mehr sang:
Ich könnte ein Berserker sein. Einer, der sich verschluckt.

Der Zugeparkte betätigt frühmorgens mehrere Stunden die Hupe.
Exilierte Dadaisten zertrümmern die Semantik. Uniformen werden
umgedreht, Insignien verschleudert. Allerorts wehen die Pfannen.
Sie haben sich auf der Flucht getroffen. Das Martinshorn bollert.
Ladendiebstahl ist ein Grund. Beim Frühstück rauchen die Trümmer.
Die Menschen frieren fürchterlich. Sind auch um 2 Uhr morgens noch da.
Das Publikum randaliert. Typografie wurde gleichfalls zertrümmert.
Die Krankenkassen platzen, ach was, sie waren seit Jahren geplatzt.
Schnupftabak ist kein Trost für einen Totenkopf. Die ganze Sammlung
ist entsetzlich. Eine Prise Koks und Haselpollen. Der tiefblaue Dotter
des hartgekochten Hühnereis diente der großen Vergiftung als Test.
Sie färbten die Fahnen in der Ära der giftigen Farben. Alle waren
auf ihre Weise gefährdet. Andere waren auf ihre Weise begünstigt.
Tränen fluten Baden-Württemberg und Saarland. Kalisalze. Kadmium.
Den Menschen wurde all dies zu sehen gegeben. Wieder randalierte
das verbliebene Publikum. Sicherlich waren Frauen darunter. Kinder.
Der hitzige Kern des Bedauerns wurde mit Löschsand behoben.
Es ist die Hoffnung, die uns fertigmacht, die Unverhältnismäßigkeit
der Mandarine. Semantik. Die zertrümmerte Typografie rauchte.
Der Zugeparkte betätigt frühmorgens mehrere Stunden die Hupe.

1889, wie junge Kirschen, wenn ein Frühlingswind im Busch ist
und seine Fahrt beginnt, auf Seite eins. Abfall beflattert die Düne.

38 Grad sinds in Berlin, am 31. Juli des Jahrs 2018, ein Dienstag.
In mir brennt eine Stimme, [rund um die Stadt brennen die Brachen,]
die wie Flutlicht *blue* im Gluckenkäfig glüht. Oder, etwas später,
auch wie Kindernägel, zart rosé und bleich, so gelb wie Rahm
und streifig, bleiblau, karmesin, gleich dem warmen Abendhimmel
von Los Angeles am 1. November desselben Jahres, dann Dunkelheit.

Es hat dort in den letzten 7 Monaten etwa 4 Stunden geregnet.
Die Flammen sind in den Himmel geschlagen, Siedlungen fliehen.
Feuerwehrpferde wiehern. Sture Frauen schreiben Langgedichte.
Keiner liest sie. Herauf ihr schaukelnden Schaumdecken!
Worunter keine Bevölkerung
einnickt, weil sie ja wach liegt. Und laut geht durch das Wasser
ein blauer Alarm. War so die See? Nein, einer Stadt glich sie.
Einer Stadt, in der ein jeder, eine jede sofort duschen wollte.
Und umstrudelt, dem Schaumbild gemäß, von Mikropartikeln.
Setzen sich fest in den inneren Organen, Abfahrten, Kamelen.

Ein Gnom schaut auf. [Wer keine Kinder hat, ist weniger erpressbar.]
Ward Beute der Schaumfontänen. Im Schwall, im Nebelklang.
Wie klingt Nebel? Brechender Schaum und glucksende Hörner.
Wie bricht Schaum? Das sind die Monate mit nassem Haar.
Und jedes [Wesen], weil es einsam ist, ist schön. Ein leises,
und zwar ein Kichern, vom Wasser dann ein Läppchen Tuch.

Ich wäre gern ein Entenvolk, das schlafend ruht zur Nacht.
Self-awareness Teich mit Rosen. Eine Ruhe herrsche, bitte.
Doch noch nachdem verglomm die Mondlamp, brodelte
das Wetter weiter und die Landwirtschaft rief nach dem Staat.
Staat hatte andere Ideen, ihmwarenzudemdieHändegebunden.

Der Mai war taub vor Schlaf, benagte also einen Alptraum,
worin eine Wasserleiche auf der Bahre lag und kaum verweste,
verwolkte Wein dort, ward er herabgedrückt auf den Asphalt.

Des Traums. Fahle Waldnymphen. In glühenden Sandgletschern,

[Plastikträubchen]

wos windstill ist. Kein Hauch, kein Wind, der Haifischhimmel,
weiß. Tönt von den Dünen schwaches Echo her? Knisterwald.
Waldbrandgefahr. Und auch das Wasser wird nun knapp.
Es war schon lange knapp. Jetzt macht es sich bemerkbar.

Geduldig warten, bis am Uferrand die breite Runzel ausdörrt.
Schlank wie die Husarin schlüpften Pipelines in die Ukraine.
Das Knöspchen schaukelte, eine Hornisse flog ins Licht,
dann legte sie sich unters Laubgehege, und bewegte,
und bewegte sich nicht mehr. Es steht im Stiegnhaus die Hitz
wie im Reim auf orientalischen rahmfarbigen Teppichen,
und ich will wissen: Hörst du wohl von fern das Mumpeln
von der See? Geschwirr von wilden Enten? Durchfährt
ein Strom von etwa 80 Grad die verdörrten Wiesenauen?

Flickflack der Jahreszeiten, oder auf den Händen gehen,
im Engadin, im Engadin? Wo Gletscher sich verflüssigien?

Abends nahm ein alumaros Schaf mich dicht (Hellwachbarkeit)
zu sich. Fahr wohl und kehr zurück hier an den Fluss, sobald
der Fluss zurückgekehrt ist in sein Bett!

Das dauert dauert (Aufzählung einiger Erdzeitalter).

Da hingen noch
wie unter See Korallen im Walde, tote Blätter waren abgefallen.
Die Korallen sind an Lotionen verreckt.
Weiß gestrichene Taucher werfen ihnen bekümmerte Blicke zu.
Warte, bis das Wasser von den Gletschern kommt herab.

Es gibt Blätter, die nicht mehr verrotten. Alle haben Angst vorm Unvergänglichen
und auch die Leichen bleiben bleiben bleiben, wie sie waren – unmeditativ.

* * *

Doch das wollen wir erstmal sehen! Karten und Kredite auf den Tisch getackert!

Verwegen wie ich bin – stürz ich mich in den Strudel,
Strudel rein! Ich stürz mich, ruf ich, in den Strudel, Strudel rein!,
der wie eine Krankheit zwei Welten miteinander verbindet.

Tutti: Sie stürzt sich in den Strudel, Strudel rein!

Siehe, die Dinge, sie sind überall, doch nicht in der Mitte.
Sie können Schatten, Schrauben, Äste, Flaschen, Deckel sein.

Die Promptheit, mit der mein Vorsatz von Unbeteiligten
bestätigt und neidlos unterstützt wird: Strudel, Strudel rein –
ist mir ein trosthabendes Hoch, ein hochtrabender Trost.
Sie ist mir Korridor in den Pazifik, seine knallenden Türen.
Sie ist mir Falle, ist mir Habitat – im Geisternetz der Euphorie.
Im Geisternetz der Euphorie, in dem alles, alles verendet.
Und sich dann wieder verknüpft und verbandelt: zum Vorteil
der schmutzigen Symbiotik, des kontaminierten Kollektivs.

Epilog:

Ich stand und schaute lang, wie ich am Flusse leer
die Kelche trank. Da wagten aus den Minen Elfen
sich hervor, die am Tage Gänge gruben wie Kaninchen.
Arsen. Stickstoff. Gelblich weißer Schaum, Alkali-Larven.
Mit jedem Schritt unterwuchs eine sich rundende Sohle den Schuh,
ein Ball, auf dem ich balancierte, unter dem melancholischen Blick
der Steinkonglomerate, Wächter aus durchlässigem Kalktuff.

Ermattung, Schlummer. Ein nacktes Bild. Viele Menschen
ohne Hemden in der Stadt, wo Kühe träumend weiden.
Doch manchmal weideten sie nicht. Wachsblank an der Bar
im Nachtorkan betrinken sie bei großer Hitze ratlos sich, mit Brenzelin.

Das geht auf die Organe, auf die Augen, auf die Sicht.
Sie halten sie nicht mehr ins Licht. Sie sehen nichts.
Sie haben ihre Kälber innerlich längst ausgesetzt
oder haben sie niemals gehabt. Schlieren. Schwüre.
Besprochene Flugwarzenfelder. Auf Klaue gesammelt.

Im daunigen, dünnen Wolkengewirr. O wie licht war alles, loh.
Und eine Nebelkappe, flockig-feucht, die Kopfhaut unter Alkohol.

Die Kühe protestierten – dreumerisch – gegen ihre Haltung.
Rannten sich Balken und Röhren in den Brustraum.
Brüllten und verstummten.

So hört man auch ein Huhn wohl gehn im Schatten hinterm Strauch.
Und ich, ich muss gestehn, wie eine Herrscherin von Skandinavien,
ich komme bis zum Jahr 2110. Und kein Sekündchen weiter. Leiter. Leider.

Doch der Strudel dreht sich. O du Großer *Grand Pazific Garbage Patch*.

In Form eines Kissen in Form einer Packung von Pommes. Rot.

ACHTUNG: IM ZUGE DER VERBESSERUNG VON VIELEM
kann es zur Verschlechterung von einigem kommen.

1)

Da wir uns nun einig sind, dass es so nicht weitergeht,
lassen wir jetzt einfach alles, wie es ist. Hoppstzatztza.

He, Insasse, he. Hören Sie auf zu lernen. Gut.

Innovation, Megaphon: Wir machen es jetzt intuitiv UND begrifflich.
Heu! Spannung und Halde. Wer spricht? Beginnt recht harmlos.
Um nicht zu sagen beschaulich. Geht aber in die andere Richtung.
Gewaltlust und Unterwerfung. Aha. Beide haben ihre Freunde.

Die Glaubwürdigkeit will wissen: Hab ich die Gefühle?
Ne, du nicht.

Messianismus Larvenmänner Vogelgezwitscher. Laut laut laut.
Lautes Weinen, Schönheit, schlussendlich: Schmerzmittel, die wirken.

Alle Meere an die Brust drücken!
Das ist das *Photo Finish* meiner Sehnsucht. Pfusch!

Das bin ich mit der Seele eines Huhns. Das ist der Applaus der Enthusiasmierten.
Vor den Bildschirmen. Jetzt Hafenfest. Haftanstalt, Restauration des Riesenrads.

Lichtwechsel. Mit einem Mal befinde ich mich in einem Reisebüro.
Und das Wasser steigt. Es folgt Beschleunigung, Gischt, Wasserdampf.
Alle Stimmen hoch, auch das Jaulen und Quietschen des Riesenrads.
Souvenir! Nostalgie. Beginnen wir langsam mit dem Aufräumen.
Träumerisch und reflexiv. Kleider trocknend. Die Angestellten berlinern.

Übergang: Reisebüro wird Reinigung.

In der Reinigung: Das blähende Hemdenbügelgerät.
Der Geruch von Chemikalien. Wasserdampf.

Ich will mich jetzt ganz hingeben. Hinlegen.

2)

Weiter nach Charlottenburg, weiter in den hohlen Norden.
Hooligans. Stadionsprecher. Einwand aus der dritten Reihe.
Abgewehrt. Mit meiner Hallenser Schallerschaufel.
Die Folgelektion entstammt dem:

Handbuch der Sprechsituationen. Gazellen, Rüpel, Erpel. Verhalten im Notfall.
Fragen der Gerechtigkeit sowie der gewaltlosen Kommunikation.

Er hat mehr als zehntausend Trolle auf sie gejagt. Hat er.
Wann bekam man denn früher mal einen Drohbrief?
Als *Hater* an Briefmarken leckten, blieb so vieles ungeteilt.

Zappel, zappel, der Teufel hat echt keine Zeit.

Betrachten wir besser die andere Seite:

Der Segen des guten Wortes, die suggestive Benennung,
du lieber glückbringender Morgen, du guter und schöner ...
Kraft meiner Worte baue ich dich auf, will dich loben, wie ein Gedicht.
Die leeren Worte – die weggeworfene Zeitung, das, was eben noch blieb –

ich bringe Schönheit in die hirnverbrannte Welt!

Ja! Ja. Rufen Sie lauter noch. Nennen Sie dies: Die Bejahung der Welt!

O Gockel, das Laub kommt im Frühling zurück, versprochen.

Folgelektion für Privilegierte:
Lassen Sie sich beschimpfen. Bleiben Sie dabei ruhig.
Üben Sie Contenance. Verständigen Sie die Säfte,
die am Humor beteiligt sind. Lachen Sie. Hahaha.
Sie deutsche dünnhäutige Dame. Zwei Widerworte und Sie faltern!
Sie faltern in Rechtsdrift. Krass! Wir müssen das definitiv weiter üben.
Wange da hin! Wange dort hin! So. Die andern erleben das auch.

Und zwar immer wieder! Verstehen Sie? Haben Sie das verstanden?
Die haben das hundert Stunden. Und an ernsteren Stellen, am Stellwerk.

Machen Sie sich an die Verkraftung. Verarbeiten Sie dies als Mensch,
ohne sich sogleich den großen angstbereiten Formen anzubiedern.
Wir verteilen das jetzt alles neu. Wer ist wir? Werden Sie schon sehen.

Sie haben in den Wimpern Staub. Das ist sicherlich Verzierung.

Solange sie die Brechstange im Keller lassen, wird es gehen.
Wird es gehen. Das Futteral. Hier sind Etuis.

Weiterräumen. Es ist ja schon sehr warm.

Kleinste Formen. In zwei Zeilen
eine ganze Welt. Tasse ausgekippt.
Der Keiler: geköpft und verdübelt.
Kuckuck, huhu, Kuckuck, verdammt.

Podcast.

THEMA IST: VERKEHR

Du Ahnungslose weißt es nicht. Doch.
Dass es hier kein Thema gibt, ist gut.
O der Transporter mit dem Wackler
startet nicht. Alles hat verlangsamt [sich].
Nicht alles. Ratschend rasen Trucks
an den Härchen deiner Hand entlang.
Wuirsch. Wrruuuiiirrrschhh. Wuschrrrrr.
Am Steuer sitzt der Unsichtbare (Tod).
Wieder liegen Hörnchen, Coyoten, Rehe,
Hasen, Katzen, Waschbärn, Pelikane
und Passanten tot am Straßenrand.
Jetzt: Selbstlenkende Autos kreuzen
ohne Passagiere irgendwie rollig
durch billionär-besiedelte Gebiete.
Am Straßenrand steht ein Irrer,
krümmt sich, trinkt Diesel und winkt.
Sinnbild des Tiers, das wir sind.

NACH DER ZERSTÖRUNG

Nach der Zerstörung
werde ich mein halbzertrümmertes Parkdeck
einfach weiterbetreiben und mütterlich
das Wasser von der Plattform kehren.

Als ich das nächste Mal daran vorbeikomme,
bin ich schon nicht mehr da.

Das war nach der Zerstörung.

KAVIARBAR

Und der schmerzempfindliche geldwerte Glibber,
der von Migranten aller Länder aufpolierte Glanz,
worin ich das auf mich wartende Flugzeug nicht finde
und herausbugsiert dann eine saftige Strafe demütig zahle,
dieser schmerzempfindliche Glibber steht nun in den Bronchien,
umhüllt die Broncho-Klause, den Broncho-Saurus der Angst.
Hör auf zu rauchen. Ich rauche ja nicht. Wie war das Licht?

Ich frage noch einmal: Wie war das Licht?

Marmorglatt. Die Knie schmerzten vom hinknallenden Zugucken nur.
Die unterbezahlten Leute arbeiteten weiter daran, sortierten auch das,
was die Reisenden beim Verlassen des Landes irgendwo deponierten,
für niemals wieder hinter sich ließen, weggleitend über das Leuchten.
So war das Licht, und der Boden knallharter, happitalistischer Glanz.
Überall feuergefährliche Sachen. Destillate, Hochprozentiges, Parfums.

Erklären Sie mir bitte: Wie verhält sich das zum Brandschutz?

Lassen Sie uns das bei einem kleinen Imbiss an der Kaviarbar klären.
Ah, Kaviarbar! Die kaviarfahrbare Kaviarbar! Das Feuer sprang also
auf die ungesattelte Kaviarbar, sprengte davon in vollem Galopp,
eine Fischspur hinterlassend! Aus den Eiern, Zauberpriester, sprangen
die ganzen Fische und das Terminal platzte (der Länge nach) auf –
da die fischigen Leiber aus den Kaviardosen quollen, in der Größe
von VW-Bussen sich verkörperten. Ploppopop. Und zum Abschluss
sagen Sie bitte die Anrainerstaaten des Kaspischen Meeres auf:
Aserbaidschan, Iran, Kasachstan, Russland und Turkmenistan
und Zürich. Danke schön.   Mir brennt das Gesicht.

DER GUT AUSGESUCHTE GRENZBEAMTE

Such dir deinen Grenzbeamten sorgsam aus.
Nimm die Frau. Nein, auf keinen Fall die Frau!
Die Frau muss alles supersauber machen,
die Frau schickt dich sofort zum Chefdesk.
Dir fehlt diese Karte, von der es heißt, dass du
sie gar nicht brauchst. Sie lassen dich
2 Stunden stehen. Dann noch etwas länger.

Umbaupause: Feerie, Ballett-Starre, die aus den Lücken sprießt,
von Dünsten umweht, ein blauer Globus, worauf eine Leiter steht.
Die Uhr schlägt, auf dem Globus erschimmert eine nichtige Ziffer.

In diesem flotten Feenreich ist die Grenze eine Frau.
Sie ist weiblich. Und als Hunde sitzen Algarven davor
und wachen. Sie machen wie Hunde, diese Geräusche,
und saufen und saugen sich voll. Jetzt prüfen sie dich.

O gute Fee, ich besinge dich, ist denn die Grenze nun dicht?
Ob dir als Grenzfee das selber so recht ist? Ganz lieb ist?

Darf ich dir eine Fragen stellen:
Warum werden Feen Grenzschutzbeamte?

Diese Dünnhäutigkeit, dieses blutige Pulsieren unter kaum einem Zelt,
keinem Gewebe, verdient nicht den Namen Membran, ein heuchelnder Hauch.
Und die Fee lässt dich stehen, als sei sie ein Hamster und bemümmelte
die pochende Wunde. Hast du den richtigen Verband? Hast du das Visum?
Hast du nicht. Doch hast du ab jetzt drei Wünsche frei, die ich dir nicht erfülle !!!!!

SUBSTANZVERDACHT ERHÄRTET

Solange sich nicht vollends erhärtet hat,
worin er besteht – substanzlogisch –, der Verdacht,
lehnen wir das und das, was darauf folgt – glatt ab!

Ich will ein Beispiel geben: Solange sie am Leben sind,
müssen sich weder Mäuse noch Menschen weiter erhärten.
Sie können rosig erweichen. Erhöret mich! Ich erhöre dich.

Das ist der Plan für die kommenden 15 Haare (Jahre):

Die Mäuse weichen den Menschen, die Menschen
weichen langsam auf. Die aufgeweichten Menschen
unterlaufen die Mäuse, die sie fühlbar umgarnen.

? ? ?

Was ist ihre Tätigkeit?

Herstellung rekombinanter RNA.

Worin besteht ihre Freude?

In schneller Bewegung.

WUNDE ÜBER BANDE

Höret meinen Gesang: Da war ein toter Vogel.
Da war ein toter Vogel in der engen Gasse
und ein Habicht pickte dem Vogel, wie soll ich sagen,
besser du sagst es gar nicht, denn es zucken
sonst beim Frühstück die Männer zusammen.
Du hast es aber natürlich trotzdem gesagt.
Und die ganzen Männer zuckten zusammen.

Die beugen sich über Bücher und die lieben auch Gedichte
von zum Beispiel Frauen, haben sie die ganze Nacht noch wach
von vorne nochmal durchgelesen. Und das Gedicht hat sie gehabt.
Das ist tief, ganz tief erlitten, sagen sie. Ich lese Fehlgeburten.
Das ist den Schmerzen abgerungen, sagen sie. Das ist große Kunst.
Das ist wie mit Blut geschrieben. Und mit Tinte. Und dem Macbook.
Und mit Windeln. Und den Fingern. Und hin und wieder mit dem Kopf.

Hier: das weichgekochte schlotternde Ei. Hier: das Salz (der Welt).

Das ist ein Nagel, der sich bläut. Das ist ein riesengroßer Riesenpulpö,
der fädelt sich ein, wo chronischer Husten auf Mietschulden trifft.
Das ist der Habicht der Verschriftung, der in der Gasse pickt,
dem tiefsten Leiden abgerungen. Ja, das weiß auch ich, denn ich,
ich war dabei. Tief erlitten. Zeile um Zeile zu 100.000 Euro erkauft.

WIDMUNGSGEDICHT

Du hättest mir definitiv die Kabel zurückgeben müssen.

(Zeilen in der zweiten Person: Es ist immer der Leser gemeint.
Es sei denn, Manni ist gemeint. Er hat die Kabel mitgenommen!)

Manni, um dir Zeit zu lassen, mir die Kabel auszuhändigen,
einige Impressionen der Operettenbühne Anmut Entenjagd:

Haut über die Wangen gezogen, die getrocknete Angel,
was wird die Ente tun? Die muss ölen, ölen, ölen. Manni.
Die Augen brennen in der Notaufnahme,
Algen schweben über allen Oberflächen,
Wasserfilter spucken Blut, die gepeitschten Söhne des Schlafs
werden 200 Jahre lang von der Lavant verhöhnt und verspottet.
Man sieht gar keine Striemen. Die blaue Funzel verhinderts.

Rein äußerlich ist alles, alles in Ordnung.

So, und jetzt: die Kabel. Du kannst sie auch schicken. Mit dem Kurier.

DER WAHR GEWORDENE ALPTRAUM

Wenn eben das passiert, was man befürchtet,
und die schlechten Ahnungen sind einfach wahr,
wenn wirklich liegt der Nachbar in der Wohnung
und verwest und ist nicht eine Einbildung von mir,
und die Träume werden immer mehr gewöhnlich
und ich kann nicht mehr so richtig unterscheiden
und dann ist die ganze Wirklichkeit durchsetzt
von Unbewusstem, alles kommt nach oben rauf,
und nichts, wirklich nichts davon sieht gut aus.

RACHEGEDÄCHTNIS

Tötet mich, denn ich habe euren Vater, wie er auch heißen mag, und ebenso euren Bruder und euren Sohn gegessen.
Eduardo Viveiros de Castro: *Die Unbeständigkeit der wilden Seele.*

Ich erinnere daran, dass die Anerkennung des Feindes
darin besteht, ihn zu verzehren. Viel schlimmer wärs,
ihm dies zu verweigern. Dennoch erneuert sich hier
der Kreislauf der Rache, es erneuern sich mithin auch
die Trink-Rituale, die dazu dienen, sich zu erinnern,
sich zu betrinken und betrunken Rache zu schwören.
Um den gewaltsamen Tod sinnvoll zu machen, brauchts
ein ganzes Zukunftsgefüge aus Rachen, das wiederum
sein Gedächtnis mitbrachte, an eine andere Zeit,
deren Zusammenhalt der zwischen Feinden und in dem
die Zukunft nichts als Rache war, und kurz darauf alles
wieder von vorne. Komisch, ich kann mich gar nicht erinnern.

DAS ENTLEERTE ABENDLAND

Fliederfarben eingemachte Küken.
Küken mit halbnacktgemachten Stummeln.
Stummel, die sich gegenseitig reiten.
Reiter, die die Stummel vorbereiten.

24 Tonnen stürzendes Gemäuer.
Reiter, die jetzt flacher sind als Seiten.
Seiten, die beschriftet sind mit Küken.
Küken, keine Küken, Küken, keine.

Keine Küken, keine Reiter, keine Keime,
keine unzusammenhängende Gemeinde
und auch keine eingebluteten Perücken,

kein Gemäuer, keine Brücke, keine Küken,
keine Kühe, keine Flocken, keine Zeilen, doch
vor allem und in erster Linie: keine Küken.

DAS PRINZIP DER OPERETTE UND SEINE GRENZEN

NACH DER OUVERTÜRE: TÜREN SCHLAGEN

Ce qu'on a fait, on le refait
Duett Nr. 14, La Grande-Duchesse de Gerolstein

Willkommen im Operettenstaat!
Kostümscha, sinna im Kostümscha? Müssena jo sinn.
Lichtscheue Wühler, lüsterne Leute, die Hufe still halten und hüsteln.
A – h – h – h – h. Aufgebürstete Uniformen, Troddeln, Tressen, Fesseln,
Belle Kniee, von Hallodris und Experten verschönert, geknetet, sehr teuer.

Aber jetzt: Alle Türen zu – alle Lichter an, un middem Vorhang eynuff!

Erste Szene: Eine Schöne zwischen zwei Liebhabern,
von denen einer 1 Pionier, der andre 1 Parkdeck,
der geheimste Liebhaber aber 1 Gasthaus in der Auvergne ist.
Im Quintett mit 2 Recken bringen sie 1 Feuerwaffe zu Gehör.
Nicht arm an altbekannten Opernphrasen: Kawatz. *Zur Handlung:*
Arbeit an der prachtvollen Hechelei, Sklave des Verlangens.
Bekundung Heucheln. Hobelbank, Zobelpelz, ein Hauch aus Wärme.
Kein Duell. Eher ein Auseinandergehen, Lockern der Gelenke.
Sie streicheln mit den Rücken der Hände beinah die Beuge des Hals'.
Dann entfernen sich alle fünfe in Frieden und Frottee. *Zweite Szene.*

Schornsteinfeger gegen Pionier, heldisch eingreift Parkdeck,
ausfällt Gasthaus in der Auvergne, gut geschminkte Kavaliere,
die Galgenstricke treffen ein, 2 Recken, Mannequins im Schulterstand,
Knappen, Deckel, Helmschnitt, Büschel, Hellebarden, Ränkeschmiede
(böses Wort mit I am Anfang, ich meine nicht Komplott, ich meine:
die Intrige). Siehe da: blonde Pferde mit so wehen Hufen
in der Schmiede der Intrige, die sehr lange auf die Eisen warten,
arme Wesen, Fell und Mähne, Winterfell mit Disteln drin.

Dritte Szene: Amouröse Topinambur, Raflafla und Ciboulette
im Duett mit achtundzwanzig Amateuren, nicht sehr taktfest.
Angewandt wie brillantine Fensterleder auf dem Glasberg
lassen sie den Schimmer schrillen im überbetonten Prunk.
Es ist eine verteufelt unglückliche Liebe zum Glanz und *esprit*
in all, in all, in all dem. Halali. Wenn etwa Jagdhörner die Ankunft
der Hofhaltung begrüßen, umjohlt von Leibgardisten, alten Herren
und Palastpräfekten, Alchemisten, wie die Librettisten schwelgen!
Aus nichtigen Gründen werden zur Quadrille alle Theatertiere formiert.
Graf de Taschers verschleierte Augen sehen 1 Dilettantenhof Schwäne,
auf dem auch Lämmer, Ziegen, Wimpel und Wiesel gehalten werden.
Beschreibung Uniform: Grüner Dolman, fünf Reihen von Knöpfen,
Bärenmütze mit Feder, dieses lederumflochtene Stöckchen,
mit Ananaskopf aus schwärzlichen Bändern, Schützenflechte.
Galante Schwenkung mit seinem Stöckchen: *Ende der dritten Szene*.

Zweiter Akt, erste Szene: Missgünstige Höflinge, die Lyriklobby
mit Broschüren, entrüstete Florentiner Bürger, Kastratenjauchzer,
Dorf ohne Glocke, Husaren, Strauße, ein kampfbereiter Mädchenchor,
Alpakas mit Baywatch-Bude vertaut im rosaroten Feuerschein *of Doom*,
Salonkultur, die Adoptivkinder des Kosmos' der Liebe, Leibtrommler,
versammeln sich am Strand vor Santa Monica Pier und kreisen Drogen.
Halbmonarchen, Polizeiminister, Privatpoeten, Marquise von Pompadour
bilden einen zweiten Chor und kreisen Drogen. Rataplan Rataplan.
Aus der Spelunke Zum Pelikan argumentieren laute Kneipensäufer
und kreisen Drogen. Dann der berühmte (musikalischer Fachbegriff) ! ! ! !

Die zweite Szene: Anbetracht des eilends einberufenen Parlaments
erscheint die Schöne mit dem Pionier, dem Parkdeck, doch ohne Gasthaus
in der Auvergne und begrüßt das im Zobelpelz jüngst verhinderte Duell.
Die Recken sind auf Helgoland-Recherche, wo Wikinger herrschen,
die Ausschüsse befassen sich mit den hingemeuchelten Favoriten,
die überraschend als Gasthaus in der Auvergne erscheinen. Nordlicht.
Zwischenspiel. Einbruch der hellen weißen Nacht. Alle Lichter gleißen.

Die dritte Szene: Landpartie. Der auswendig gelernte Strolch
präsentiert den Recken sowie dem Parkdeck um 14 Uhr 45
einen rechtskräftigen Ehevertrag, der den Pionier an ihn bindet.
Was tut der Strolch? Singt eine wunderschöne Bariton-Arie.
„Mein Liebster macht Handstand. Er senkt kontrolliert seine Beine.
Eiskren – seine Zunge geht in Flammen auf. O, seine große Hand
mit den schönsten Adern. Ich fernsteuere sie durch Raum und Zeit."

Indes gibt sich im Gelass die als Pflichtgericht
verkleidete Nichte zu erkennen, Fischgrät war nur
ein Vorwand, sie ist dem Tambourmajor angefragt,
der sich allerdings in die Schweizer Fabrikantin Robo-Jelly
verliebt, die mit den Recken wirklich sehr viel zu tun hat.
Verwirrung bricht aus. Die Bäume werfen ihr Laub.
Vierte und letzte Szene des zweiten Aktes: Strohhäuschen,
Verelendung, Bataclan, exotistische Güter, Import Export,
die Schöne und die rumänische Bojarentochter Zorika
(natürlich altert auch das Unbewusste, aber hallo) treffen
in der Sierra Nevada auf blutrünstige Kiffer in Rostkutschen.
Zerteilte Pornohefte, abgefackeltes agrikulturelles Gerät
und der Gesamtbestand der Forstwirtschaft bilden den Dekor.
Eine tänzerische Quadrille, in der Baumschulen glänzen –
das Ballett der Pilze und dann dieses Ding, das kaputte Kiefern
hervorbringt, damit sie in wilder Kontaminage mit Pilzen kollaborieren …

PAUSE. Publikum mault und kauft Brezeln und Brause.

„Du nimmst Offenbach als Repräsentanten der Gesellschaft",
haut Adorno eine Schneise, „oder wenigstens zur Hälfte so –
und dann bist Du mit ihm einverstanden?", will Adorno wissen.
„Bist Du es dann nicht mit der Gesellschaft? Mit unserer,
im phantasmagorischen Spiegel der seinen?", so weit Adornos Schneise.

Scharf wie das Schwarze Meer – die metallene Lunge,
das schockartige Einsaugen der sauerstoffarmen Luft.

Vergiss nicht, einmal wird es hier regnen.
dann kommt die hohe Flut, der Aufgalopp der Halbnacktgemachten,
schenkeltief versunken in der Schwemmwiesen feuchten Ausweiche,
Grasbüschel treiben vorüber, Tribals auf Waden stellen es dar.

Doch nachdem das Extrakt verballert ist (Lob des verballerten Extraktes)
begibt sich das Publikum zurück ins Parkett, auf die Ränge, in die Logen.

Es beginnt zum Glück schon der dritte Akt:
Pionier, Parkdeck, Schöne und Gasthaus
erscheinen in süperfeschen Uniformen,
Bomberjacken und Attrappen, Artischocken,
Keilinschriften, plateaubesohlten Gondolieren.
DJ-Schuhe, die erst sehr weit oben zwischen
beiden Beinen einen Abschluss haben, Meta-Stiefeletten.
Um angesichts eines verendenden Strandtölpels
in eine selbstmordsüchtige Trauerarie zu fallen.
Pompöse Al-Fresco-Stückchen Baklava in Honigsaft,
Chor des Vielvölkergemischs der Donaumonarchie.

Zweite Szene: Die Schöne hat ein Auge auf Zorika geworfen.
Im Wohnzimmer, im Festsaal, der Laube, in der Gefängniszelle
erscheint das Ballett der Helgoländer Recken, *underdressed*.
Es wird von Schauerstücken berichtet, die von Rache,
mannstollen Männern, Schlaftränken, Banditen, Giften
und Gegengiften wimmeln. Fauch-Flausche, *Open Dogs*.

Die kaltdreiste Skrupellosigkeit der Genusssüchtigen wird
von gestählten Asketen in den tüchtigen Blick genommen.
Nihilisten in Bikini-Konstruktionen mit glühenden Balkonen,
wieder Artischocken, die sich – Toasthawaii Mätresse Ananas.
Försterregende Arie der Diva im Moment ihres Verfalls.

Jetzt müsste so langsam das Publikum die Bühne stürmen
oder wie Strahlentierchen als Spuren im Sand verschwinden.

Es folgt die beschlussfähige allerletzte, aber herzensgute Arie von Zorika, gemeinsam mit der Schönen, in einer neklekten Ecke des Terminals B, Gate 32, LAX, Los Angeles Airport, mit dem Titel:

Ists nicht eine Schrecklichkeit, dass fleißige Arbeit das Erleben verdünnt?

Indes kehren ALLE auf die Bühne im Untergeschoss des Flughafens zurück. Kostüm Truthahn, Schaugepränge, Blume von Hawaii (mit Kessen überbacken).

UND ES BEGINNT: Ein fahriges, doch ab-so-lut-be-geis-ter-n-de-s-FINALE !!!

Wir wiederholen: Das fahrige, doch ab-so-lut-be-geis-ter-n-de-FINALE !!!

VORHANG !!!!

Vorhang

Vorhang
Vorhang
Vorhang
Vorhang

wehe Hände

Vorhang Vorhang Vorhang

DAS PRINZIP DER OPERETTE

Die Operette konnte entstehen, weil die Gesellschaft,
in der sie entstand, operettenhaft war.
Siegfried Kracauer: *Jacques Offenbach und das Paris seiner Zeit*

Das Prinzip der Operette ist ganz einfach:
Man nimmt einfach zu viel von allem. Chilis, Kalktuff, Aktien,
Goldbrassen, Renekloden, Mehl, Superlative und Granaten.
Zu viel Farbe, Salz, Geld, Zeit, Polster, nicht nur zu viel Arbeit,
zu viele Feuerfedern und Türen: sehr wichtig. Arien auf Kante,
Kostüme in Höchstlage der aufgetakeltesten der von Römern mit
herbeigetragenen Pflügen in die Wand gerissenen Wanderdünen,
in den abenteuerlichsten Assemblagen, aus allen Türen raus,
dann so-fort wieder alle Türen rein ... das zappelnde Ensemble,
Jubel von abertausend Händen, Hälsen, Schwänzen, Tanzeinlagen,
Bühnendonner, explodierende Grammophone, und unersetzlich:
Federn, Federboen, Federböen, Federbauten, befiederte Stolen,
Federn generell, Beflügelungen auch, und die Krümmung
noch der Klage hätte immer etwas Fieber, etwas Akrobatisches,
und jetzt noch einmal alle (!) quer über die Bühne und wieder zurück,
alle Türen wieder auf, und alle Türen wieder zu, zu, auf, zu, zu, auf.

Denn geht es nicht allein: um das Entkommen, mithilfe einer Mischung
aus Mischungen von Übermut und Vorsicht, mit hineingemischtem Licht?

* * * *

Die Operette ist viel barmherziger, als die Idylle ist,
sie ist gefleddert noch viel schöner als das Ideal.
Nicht verhandelbar, nur dem Vergessen anzudienen,
o, ein Momentchen nur der Regression, dessen Schwelle
eine Beule und doch etwas schmerzhaft ist, vadammt.
Ich nehme die letzten fünf Zeilen hiermit zurück.

Es folgt an ihrer Stelle nun ein zierliches Couplet:
Scherzmen – what's your Superpower?
Well, I'm quite funny, aua, aua.

* * * *

Phantasma: Mit Geliebten dauert die Erfüllung etwas länger,
weil die Einzelheiten, und zwar eine jede, solch ein Wunder sind,
das gelesen, unbegriffen, wiedergelesen, begriffen, gelesen
und immer so weiter werden muss, und gleichfalls deswegen:
weil sich an den Geliebten nicht alles einfach austauschen lässt,
wie bei den metamorphen Exerzitien der Mechthild von Magdeburg.

Alle Tiere kannst du sein. Auch das Geschlecht mehrerer Tiere
unterschiedlichen Geschlechts kannst du sein oder haben.
Es wird dir wahlweise auf Bauch oder Rücken – auf beidem!
Gut, auf beidem wird es dir installiert. Hab nur einen Spritzer Geduld.

Verlängerung der Erwartung des Genusses als Verlängerung
des Genusses selbst? Hm … Dauerts aber Monate, dann setze
eine Plantage aus Tomatenpflanzen auf, richte dein Begehren
darauf aus, o diese hitzige Mitte, o Bewässerungsschlitze,
o du notgeile Gemeinschaft der laubblasenden Gärtner,
dann säe es [das frische Saatgut des Begehrens] selbsttätig
den Brachen ein und warte im Sitzen sehr lange, dass etwas

geschieht.

* * * *

Das Bootchen kippt. Ein getrüffeltes Perlhuhn
geht über Bord, schwimmt davon und geht unter.
Der Opernkomponist, der in seinem ganzen Leben
nur zwei Mal weinte, weint nun zum zweiten Mal.

* * * *

Gewähre Einblick in die Operette der bezahlbaren,
der geldwerten, der hoch verschuldeten Seele. Überweise,
im Quick-TAN-Verfahren, erst noch Geld auf das Konto
von Tiatos Kumpel, willst du den TAN-Generator,
nein, das kommt per SMS auf das Handy in Japan,
ich hab dir doch (Babamüll!) das Foto vom Index
per *Signal* geschickt, bitte ausdrucken, signieren,
einscannen, hochladen, darauf verlinken. *Paletti.*

* * * *

Auf die Mittelbühne! Tanz die Stellung, statt sie zu halten.
Bleib in Bewegung. Büschele die blatanten Buchen!
Flutlotsen, wir brauchen Orchideen, Blütenstände und –
äh, vor allem Fluglotsen. Also mehr, viel mehr von euch.

Träume von luftigem Rührei – ich habs an die Wand geschmiert,
gelb, hellgelb, wo es sich langsam in die Ebene senkte im Traum,
in die Ebene des Traumes der Ebene senkte, wie ein Menetekel:
„*Dearest,* es hondelt sich um 1 Sonderforschungsborschtsch.
Hoho. Aus Liebe snitzte ich diesen Dildo. Nur aus Liebe."

Was man teilen kann, ist gut (alles?). Gib mir mehr davon.

Der ästhetische Widerstand gegen Zerstörung und Selbstzerstörung
sollte heiter sein. Er sollte in etwa dem entsprechen,
was die Leute machen, wenn die Leinen locker sind.
Verdrehen sie sich, verhakeln sie sich in der gelockerten Takelage,
dann aber schwingen sie in findigen Formationen. Am Trapez.

* * * *

Ich finde manchmal Dinge und unterdrücke die Tränen
und sie fluten, fluten, fluten alle Organe. Die Lunge wohl auch.

Das kann scherzmen. Das kann schrecklich scherzmen.

Wenn das und das passiert ist, darf das und das nicht fehlen,
weil alles Verwendung finden soll und nichts verloren gehen.
Und es ja ganz am Anfang hieß, das Operettenprinzip verlange
von allem zu viel. Das ist jetzt wirklich zu viel. Ich habs im Gefühl.

Es stand als Fußsoldat neben mir deine haarige aufrechte Seele.
Oder wars meine? Die nicht mehr mitanschauen wollte, wie viel Gift
ich noch nahm. Die Erschöpfung war eine Höhle und meine Seele
war tiefer vergraben als ich. Die Würmer tändelten lieblich. Wie Blüten.
Hab so viel falsch gemacht. Brachte durch Fehleingaben ganze Systeme
zum Absturz. Konnte die Zahlen selbst nicht mehr lesen. Mitspieler
verstarben. Das Falsche war gesagt. Könnte dieses Hündchen? Nein.
Als sei meine Seele verzogen. So schwer. Ja, so irrsinnig schwer.
Du gibst ihr Gift. Sie gibt dir Gift. Und das Aufbrauchen der Vertrauten.
Dass nur in der Distanz, nur in der Distanz zum Tierchen. Den Flug –
verschieben? Die Kurse verschieben? Ja, aber wohin? Wohin nur?
Was konnte so fremd sein, so nah sein, wie das Poem der Gewalt,
das nicht, das nirgendwo haltmacht. Vor Menschen nicht. Natürlich
auch nicht vor Tieren. Dazu ist es ja quasi verpflichtet, nicht wahr.
Lass einen Reim zu. Hol die Gläser aus dem Automaten, fülle sie.
Öffne die Augen. Schließe sie wieder. Dann lass sie sehr lange auf.
Im Bett wird die Mitte zertrümmert, und du rollst darin herum, wie,
weiß Gott, wie Murmeln oder Bewölkung. Der Tornado. Im Norden.
War es denn richtig? Ich weiß nicht. War es richtig? Da springen
Spatzen. Weben. Weben. Weben. Barkouf. Ich sage: Das Gelöste.
Was gerne gewollt ist, aber zu haben nur gewappnet, gehüllt in Rüschen,
in Operetten. Im Kopf aber Flammen. Und zu viel von dem Bösen,
das von außen hereindringt. Und nie wieder herauskommt. Barkouf.
Barkouf. Zwischen den Augen ein Stern. Bewacht von fadengezupften
Brauen. Offene Blicke verängstigt. Begleiter der Seele – hier bricht es ab.

PSYCHE

Aufflattert sie! O, soeben noch sie war Teil ja des Körpers,
zugewandt und unzerteilt, vielmehr *thymos* als *nous*, ja,
von Mut, Leidenschaft, von Mitleid, Angst und Verlangen,
auch von jenem, das man mithin das animalische nannte,
Sitz, Bewusstseinsorgan, mit einer ganz eigenen Intuition.
Die dem Körper so Zugewandte, die warm Aufdünstende,
gestraffte Luft, welche flügelschlagend uns zusammenhält
und die durchwandernd niemand je auf eine Grenze traf,
so groß und weit war dieser unvorstellbar unokkulte Falter.
Das habt ihr vergessen, ihr über die Maßen Verständigen,
denn später, orphisch, heißt es, unter dem jähen Einfluss
der auf Pfeilen heranreitenden, kaum je einen Happen
verzehrenden asiatischen Schamanen, quasi *ex post*,
trennte man ab sie, enteignete, nahm ihr den Körper und –
(was für ein schlechter langatmiger Tausch bar jeden Hauchs)
gab das Vorher und Nachher ihr, statt wie einst, die Toten
noch zu füttern, ihnen fast kindisch Flüssigkeiten einzuflößen,
Sachen mitzugeben, Stroh, Perlen, Pferde, ein Spielbrett,
zum pausenlosen Vertreib von etwas ganz anderem als Zeit,
die Seele und Körper gemeinsam verbringen. Das nahm man ihr,
um sie herumzujagen um das Leben, sie vor und nach dem Körper
in den Himmel, in die Erde einzupflanzen und ihr nichts als Schuld
zum Geschenk zu geben statt Pferden, Spielbrettern, Pflege, Stroh.
O aufflatternder Schmetterling Psyche, im Schlaftau gib Perlen
du an die lieben Windungen, und bitte, gehe keine Sekunde vor mir.

DIE STELLE MIT DER SEELE

ein weicher unberührter viertelpfünder
eingepackt in goldpapier
hin- und hergereicht im schlaf worauf
die frage ob das schon nachdenken
ist folgt herbstlicht das noch dunkel
obwohl es auf dem hellen quickt
in rede und in gegenrede mit
der sucht sich einmal aufgestanden
sofort wieder hinzulegen
und es gibt kein recht darauf
und du wirst untergehen und du vergehst. zitatende gehirn.
~~krümmst dich als transplantat einer sehr langsamen~~
~~internetverbindung in deine atmung deine beine deinen~~
~~körper insgesamt~~ – jetzt was geträumt ist:
du fändest die stelle mit der seele bei elke erb
die sonne geht auf

8.10.2016

UND SPUCKTEST [für meine Freunde]

Und spucktest in großer Menge pechschwarzen Speichel
in das Nichtschwimmerbecken, weil du so überaus glücklich warst
und deine Haut ihre Empfindsamkeit zu einem Militärzelt vergrößerte.
Darin kochte deine Angst.

Gulasch für die ganze Kompanie. Ich habe dann das dünne Haar geöffnet,
wodurch ich es halbierte, und drittelte, schließlich viertelte.
Die Unschuldigen waren nach wie vor in Haft.

Erinnerungen stiften am Abweg. Drei Monate sind ein kleiner Abschied.
Als in einer windigen Nacht die Worte und Ketten zurückkamen.

Der Wind, der in der Nacht zu dir kam, der dich die Pranken der Löwin
verstehen ließ, der dich die weite Seele des Mannes verstehen hieß,
der dich all dies in einem unberührten Raum so angefasst
verstehen ließ, in einer Nacht, als das Wasser unter dir schwappte
und das gelbe Licht der Lampen auf dich hinabkam wie Regen.

Übermüdet warst du und hellwach im Wind dieser Nacht.
Du warst ich. Ich verstand, was passiert und was passiert war.
Die lieben Pranken verstand ich. Ihre Sorge, ihre Verführung.
Die leise Verzweiflung hörte ich sehr laut mit mir sprechen
in einer Sprache, die ich niemals lernte und sie so verstand,
wie Schwierigkeiten sich zu verstehen geben. Ohne Acht.

Und den Mann verstand ich: dass es darauf ankommt
dazubleiben, auch wenn die Wünsche der anderen dir
nicht wohlgesonnen sind, wenn sie dich nicht betreffen,
wenn sie sich daranmachen, teilnahmslos, die deinigen
auszulöschen, und es nicht einmal wissen. Sind sie aber
für die anderen ein guter Tumult, eine Sache, Not oder Panik,
man möge sie nicht alleine lassen, nur weil man von ihnen
nicht gemeint ist und ganz am Rande steht, von wo die Mitte
zügig an die Grenze driftet. Jetzt auch verstehe ich den Wind.
Nur die Mutlosigkeit nicht, die so leicht zu verstehen ist,
die verstehe ich nicht. Ich verstehe den Wind. Und die Stärke.

Die Stärke und Liebe des Menschen in seinen Wünschen
und ihn darin nicht alleine zu lassen, ihn zu begeistern.
Und eine löwische Pranke der Löwin und wie besonders
die Lippen der Löwin waren, in dieser Geschichte.
Es scheint, als wäre mein Gehör heut wie neu, und das
Wasser, das Wasser, das Wasser sehe ich auch neu.

* * *

Der Wind, die Autos, ihr Vorbeirasen, was für ein Tag?
Samstag. Daher das Rasen. Die Lichter vom gegen-
überliegenden Ufer, das Schwappen des Wassers,
das hochkante Streifen des getrockneten Laubs,
wie laut das ist. Möwen, die sich den Aufwind
zunutze machen. Ein schneller Flügelschlag,
dann zu gleiten, das muss Lust sein. Und ein
Tanker, in geschmeidiger Geschwindigkeit, lautlos.

Gestern Nacht wolltest du mutig sein. Gestern Nacht
wolltest du nie wieder lügen. Der Sprache wolltest du dich
voll und ganz antragen. Du wolltest die Sprache nur noch
für die Wahrheit verwenden und für nichts anderes mehr.

Als würde ich am Abhang zelten. Und sich dabei die Erde senken.
Sie erzittert. Trägt sie mich nicht länger, spielt sie, bricht sie auf?
Ach, wer spielt mir diese, wer ist es, der mir diese, ach diese, ja
diese, während ich am Abhang liege, Schwerkraftweise zuspielt?
Das bin doch ich. Das bist doch du. Spricht so der Apparat?
Alles immerzu aufrechterhalten. *Maintenance.* Auf Deutsch?
Zwischen Lebensunterhalt und Wartung. Zwischen den Worten.
Lies dies zwischen den Worten. Die Gletscher gehen zurück.
Halden machen sich frei von Eisschicht. Sind sie jünger darunter?
Wohl nicht. Ich sehe klar. Aber kann, was ich sehe, nicht deuten.
Als würde ich am Abhang zelten. Und sich dabei die Erde senken.
Heutige! Kommt zu mir! Steht mir bei. Ihr Planeten. Umlaufen.
Wie ein Dessert. Dekoriert. Und verkleckert mit teuren Substanzen.
Die Sterne gebe ich ab. Das war einfach ein Zuviel an Belastung.

Protest der abgegebenen Sterne. Erledigung der Galaxie per Implosion.
Dann: Tänze und Weisen à la Tyrolienne, veitstanzende Alpenveilchen
in aufgipfelndem Stroboskop-Geflacker, alpenglühend und juchzend.
So nah dem erhabenen Höchsten, den zugekoksten Dandykometen,
den zitternden Tenören. Ihr müsst zum Walfischtran der Maniküre.
Die Frisöre binden Kolibris an die Locken der Tenöre. Sie sind umsurrt.
Die Sterne verrecken. Es fehlt eine im Tanz die Dinge rettende Verhöhnung.
Beflügelt, elektrisch geladen, endlich verwandelt in eine große Galoppade,
die in Doppelpaaren, zu vieren in einer Reihe, den ganzen Raum des Saales
durchstürmt. Mit schalkhaftem Blinken am Himmel kehren die Sterne zurück!

WO IST MEINE SEELE

Ich liege auf dem Bett wie auf dem Wasser
und das Wasser steigt es steigt.
Ich muss das nicht ich nennen.
Nicht das was hier tippt ich nennen.
Berichtet nur berichte nur und hab dafür
eben dies. Aber es ist nicht das was ich meine.
Ich meine viel eher: Sie ist überall. Die Seele.
Sie ist wirklich aus mir heraus und kommt wieder
zum Glück! Sie kommt wieder zu mir zurück
und wie ein hochgebocktes Autochen
sinke ich leise wieder zurück und befestige mich
befestige mit Gurten nicht eher mit Minuten
befestige ich die Seele zurück.
Ich lerne meine Seele ist überall.
Meine Seele hat sich weit aus dem Körper gelehnt.
Meine Seele ist rundherum.

UNSERE RIESIGEN FURCHTBAREN POTENZIELLEN AFFINEN

Da war die schwarze langhaarige humorlose und etwas verwilderte Katze,
die hatte das Motorrad umgeworfen und den Brustpanzer vor dem Vorderrad
abgerissen und daneben saß sie also und schaute mich herausfordernd,
würde ich sagen, nicht an. Sie reagierte nicht auf mein Schnalzen.
Sie bewachte das, was sie vollbracht hatte. Dann aber wandte sie sich ab
und zwar ganz, ging ein paar Schritte, ich würde sagen nach Nordwesten,
putzte sich vorgeblich und verschwand. Auch das Motorrad lehnte mich ab.

Die Katze hat eine Stadt verschluckt. Zwieks, ein hybrides Aufstoßen.
Die Katze hat eine bestimmte Frequenz. Es gibt ein Script, womit die Katze,
man weiß es nicht, mit großer Wahrscheinlichkeit gesteuert wird.

Ich will, dass die Sachen so offen, offen wie eine Wunde
und unpersönlich sind, mit einer Polemik versehen, die im unrechten Alter ist,
das will ich nicht. Ich will nicht zu viel Sorge tragen um ein einzelnes Bild.
Ich will nicht, dass die Leute mich basteln sehen. Ja. Dies eben sollen
die Leute auf jeden Fall sehen: Bricolage.

Ich will allgemeine unpersönliche Lust.
Ich will kein Bekenntnis und nicht Offenbarung.
Transportable Fallgeschichte. Abwege. Schnittmengen.
Rosen. Päonien. Fräsien. Umlaute aus aller Härren Lender.

Das sind die Randale des Wegsehens.
Ich zeige, sagt die schwarze Katze,
die das Motorrad zertrümmert hat,
keinerlei Interesse und vor allem
nicht an dir. Und komm doch durch das Loch
im grünen Maschendrahtzaun gekrochen.
Komm doch. Das wird überhaupt nichts ändern.

Die Katze fällt mich an und steckt mir
einen Katzenbandwurm zu, der mir die Wirbel
mürbe frisst.

Wenn ich den Reifen auf diese Art werfe,
dann wird er nach wenigen Metern
die Richtung ändern. Dann kommt er zurück.

~~So ist es eben auch mit Männern, und Fragen.~~

PS: Klärung der Frage, ob Tiere Personen sind:

Die Tiere sind jemand. Sie sehen sich als Personen.
Form der Art: ihr Kleid. Innere Form: Geist des Tieres.
Dies ist klar für die Augen der eigenen Art –
oder für Artenwechsler oder für den Pfad
der Übertragung. Der Zustand, las ich,
den Tiere und Menschen teilten, sei nicht Animalität,
sondern Menschlichkeit. Sie sind also Personen.

DIE ARBEIT, DAS MEER

Jedes Meer hat einen anderen Ton.
Das Knistern im Marmara-Meer,
als würde Reisig in einem munteren
oder eher scheuen Feuer knistern.
Das schrille Sausen im Schwarzen Meer,
ein scharfer Atemzug einer Lunge aus Metall.
Die komisch unbedingte Stummheit des Pazifik,
die nicht ganz überzeugt, so sehr sie das auch will.

Dann der Bosporus: Unter Wasser in den Ohren
Schiffsmotoren, alle Sorten Schiffsmotoren,
sirrend übertragen, pochend, ohne anzupochen
vielmehr flüssig, aber dennoch rhythmisch,
alle Sorten der Befahrung und die Leiter runter
in die großen Wellen, die der Bosporus
gegen seine Mauern knallen lässt,
um die Schwimmer zu erheitern,
und damit die neuen Freunde zeigen können,
dass sie sich um die Sachen sorgen,
die am Ufer liegen, und sie zu den Bäumen bringen.

Und die Wogen kommen unbegleitet,
wenn kein Schiff zu sehen ist, dann
hat sich anders etwas aufgeschaukelt
und ich darf in den nassen Bergen liegen
ohne Steine, ohne Schwere, Wellen kommen
wie ein Gruß, ein Scherz, ein komplizierter Witz.

Das ist das Herz des Wassers, nein,
das sind Motoren, die es so verwirbeln.
Das Pochen, die Stummheit, das Knistern.
Das sind die Meere, die arbeiten müssen.

DIE VIELBESCHRIEBENE

Stadt am Wasser
Stadt im Wasser
hässlich wie ein Gedicht
traurig und verräumt.
Wer tut der Stadt denn sowas an?
Es wird täglich enger.
Das heißt weiter.
Die harmlose Konfusion steht auf der fortgesetzten Nichtbeachtung.
Die Vielbeschriebene liegt indes unter Schriften
wie unter nassgeschwitzten kalten Laken.
Die Busse kommen pünktlich.
Sie krümmt sich.

In der Zwischenzeit aber linieren sich
die entfernten Verliebten. (Wie Gipfel) (oder Kipferl)

AM MORGEN

Und der Tau glitzert
und der Tag ist so hell
und die Krähen flattern
und ich wachte auf in der Nacht
und wachte auf in der Nacht,
ich wachte auf, aber es waren
auf höchster Ebene die Träume
weggewischt und Rohani sagte,
nicht einmal 10 Trumps, 10 Trumps!
Was für eine irre Idee, aber
wahrscheinlich gibt es längst
schon viel mehr als 10.
Und das helle Licht am Morgen.
(Keine Versöhnung)

9.10.2017

ENGEL UND ENGEL-SIZ. KEIN HINDERNIS.

Das war imgartenderweise und gasthausenderweise gut.
Das waren Worte, die sich anderen Bildungen zuwandten.
Sie wollten andere Wortarten sein. Das ist das Gedächtnis,
das nichts mehr zusammenhält. Aber es kamen doch Trümmer.
Die leimte ich. Und gab sie wieder. Dass ich das konnte,
war Glück. Ich wollte jemanden finden, dem ich all dies
im Detail berichten könnte, und ich habe jemanden gefunden,
dem ich all dies berichten konnte, es war, als entstehe etwas,
von Neuem, das ich so ruhelos und getrieben verbraucht hatte.

Die Idee oder Gewissheit, die Sorge oder Erkenntnis, zu begreifen,
dass ich die Materialien aufgebraucht hab, als hätte ich sie weggeworfen,
statt sie zu formen. Als hätte ich sie: nichts als verbraucht. Vernichtet.
Die Bücher sah ich nicht mehr. Die Hetze hatte was Verheerendes.

Das Gefühl, es sei nichts mehr da als die Adieus der Erinnerung –
es summierte sich nicht, es löste sich ab. Ging in Energie auf. Ging ab.
War es denn so, dass die Energie dich gewärmt hat, hat sie das?
Ich kanns nicht sagen, vielleicht kühlte sie auch. Sie hielt mich auf Trab.
Die Zusammensetzung jenseits der aufgipfelnden Gleichzeitigkeit,
ein Weg, der davon wegführte, viele Wege, als gingen sie hinein
in den blaugrünen Bildhintergrund. Hier steht auch ein Hund.
Hier ist Landvolk. Und einige Reiter, wahrscheinlich Beamte.

Ist das wirklich das Ende?
Du wolltest doch, dass es vorbei ist.

Hier sind die großen übertonnten Tische, die Picknicker zum Verweilen einladen.
Setzt euch ansatzweise in das Fass. Es wird euch halten. Dann esst. Esst
das Mitgebrachte, verzehrt das, was ihr hattet, und lasst die Liebe wild, nein frei.

Angelegentlich. Hier wie da, ein Wort, ein Törtchen, Gurken und
sauer eingelegte viele Dinge. Gebt auch den Krähen etwas ab.
Ihr macht das richtig. Ihr müsstet noch viel freigiebiger sein. Doch der Anfang
ist gemacht.

* * *

Das Gedicht, das ich meine, soll nicht den Park beschreiben,
es soll sein wie dieser Park, es soll der Park sein, ohne ihn zu ersetzen,
es soll sanftsinnig sein und nicht einhaken in das Bekannte,
es soll eh ohne Haken sein und dann öffnet sich das Törchen zur See.
O o – und dann soll es so sein, dass die verschonte Insel so bleibt,
wie sie ist, eine gut durchblutete Melancholie, sie soll am Leben sein.
Die Skyline kann stehen bleiben, auf der anderen Seite, in der Ferne, intakt.

Du in den Seilen doch noch dabei,
hingest zusehends nur an dir selbst,
vergingest in Gehabe, etwas weniger fix
        gebunden, noch zu straff oder jetzt schon zu locker?

                Siehe dein Picknick, reise die Krähe,
raise sie, mit Blicken, nach oben, dem Zweig eingedenk, denk, denk,
und nun watschelt sie den Ast hinaus, verfolgt von einem Eichelhäher.

Kann das denn sein? Wer wird hier noch als Säger landen (Sänger, Singer)?
Die unfreie Position von Fleiß und Bravheit, von Strafe und Konsequenz
wedelt als Alarmleibchen um dich herum – issn Schöttsche, ruff die Stange,
eine Schürze aus Mull und mehreren Kacheln, die sie an der Lende trägt,
sollen die Menschheit unterhalten. Wackeldackel Chauvinismus.

Winde dir! Die Akzente sitzen richtig. Zeichensetzung kann sie auch.
Tu etwas gegen den Verfall. Aber ich werd nicht um die Wetten rennen.
Ich werde bei den schönen Pferden sein und schauen, wie sies tun.

Flimm-flämmchen

DIE GRENZEN DER OPERETTE, AUSPENDELN

Inmitten der Lust, die er entfachte,
sehnte sich Offenbach manchmal fort von der Lust.
Siegfried Kracauer: *Jacques Offenbach und das Paris seiner Zeit*

Allem Mythischen, im Übrigen, gebührt Widerstand.
Alle Eichelhäher machen indes weiter. Ganz in Gedanken
an Kreisrituale, Staatsrituale, das Aufsagen, Absaugen,
die Heckenflossen brodelnder Angst, dann: der Dämon.
Die Zahnlücken im Dämon, seine großen wandernden Ohren,
die dunkle Hülle, die er nie verlässt, Vermehrung der Lücken,
sein furchteinflößendes Charisma. In Betrieb genommen
zur Stabilisierung unseres kreiselnden Operettenstaats.

Gezwitscher der Staatsvöschelscher an Sonnenstrahlen entlang.
So erreichen sie die Sterne und beschließen das Anthropozän.
Die Eichelhäher singen jetzt das Lied vom gelehrten Hund, gefolgt
vom Terzett der auf dem Rost bratenden Mädchen und dem Lied
Vom Leiden an der Falschen Wunde:

Sie leiden an der falschen Wunde. Ich könnt ihnen alsbald
eine Wunde zeigen daran würds sich lohnen mal zu leiden
aber Sie Sie haben sich
auf die falsche Wunde
wie soll ich sagen: versteift
ich würde ihnen sehr gern sehr sehr gern
tout court: zuzuzuzuzuzuzuzuzuzur Seite stehn,
wenn wir gemeinsam einmal um die Ecken gehen
Häuser ziehn und schauen was es da draußen noch
für Sie zum sagen wir mal befreienden Leiden an Wunden hat
wunderbaren Wunden hat hat hat hat hat hat hat hat hat-hat hat

So weit der Eichelhäher. Jetzt, eher übergangslos, mein Einsatz:
Ich werde euch die Bevölkerung des Operettenstaates
(genau wie ihr sie euch vorgestellt habt) gebären, ich nehme
Verträge an, und, wenn ihr wollt, dann auch Wetten. *Chapeau!*

Ethik dieses Wertpapier-Portfolios für 1 vadienta Alterssitz
in Sachsen-Anhalt – kein Ticket kannse sich noch leisten,
vereinsamt unter feisten Leuten, die sie nie etwas anderes
als (in allen ihren Altern) hassten – wobei: Man weiß es nicht.
Gnadenbrot Maschinenliebe Halbautomatik Götterspeise
Gelatine, bitte nichts in Fett und Käse Ausgebacknes, Gottheit.

Junger Mann, könnense den Rollstuhl nüsch so schiebn, dass
isch ihre Hinterseite sehen kann? Immobilien, Futtbolltrainer,
echt kaum noch mit mir verwandt, gute Wohnung, Untermiete,
weggeschwommen, vogelartiges Geplärre, Operettenvolk zersetzt
die Immobilien unentwegt mit Kapriolen, Selbstverschwendung,
bitte nicht den Angstdiskurs versichern, sone originelle Herangehens
Weise Asthma Alkoholabhängigkeit Rheuma Gicht Mbutu-Hütten.

Mbutu-Hütten, Isotopenschalen, bei denen sich an jedem Punkt
eine Tür auftun könnte; und diese würde ich versetzen,
wenn ich andre Nachbarn haben möchte. Kollektive Mbutus
wohnen in einem Haus, das ganz Tür ist, und man versteht,
dass das geschlossene Bauwerk auf Feindschaft gründet.

INDIREKTE DARSTELLUNG

Die Revolution verkündet: Freiheit, Gleichheit, Brüderlichkeit!, was sich in der Hinrichtung tausender und abertausender Menschen verwirklicht. Wahrhaftig eine indirekte Darstellung.
Nikolaj J. Ossipow: *Revolution und Traum*

Die Obdachlosen von Santa Monica
sind irregeworden. Malibu brennt.
Sie haben das Interesse daran verloren,
ihren Zustand zu verbergen.
Sie stellen sich auf die Straße
und blockieren den Verkehr,
der sowieso nicht funktioniert.

Sie weisen also auf die Realität und die Taktlosigkeit,
die darin besteht, sie zu ignorieren. Jetzt wird gehupt.
Das heißt, es gibt sie, ihre Existenz ist anzuerkennen.

Sie machen sich den Wahnsinn des Verkehrs zunutze,
um den anderen ihren Wahnsinn aufzuzwingen. Eine Kur,
die für die Therapeuten, die sich hier kinnhohen Kühlern
entgegenstellen, nicht ungefährlich ist. Einfach überfahren.

Zum zweiten Mal. Jahre später.

Je mehr sich die Irrealität des Regimes entschleierte,
desto höher war das Verdienst der Irren um das Reale.
Während die Bourgeoisie nicht mehr unterscheiden konnte,
brachten sie indirekt den Kapitalismus zu seiner Darstellung.

KONKRETE POESIE

KONKRETE POESIE

Ich habe die harten Worte gekostet, sie schmeckten alle nach Kalk.
Brot schmeckte nach Kalk, O war so hohl, der harte Auslaut staubte.
Es waren die Elemente. Ich spuckte sie aus, verlangte nach anderen.
„Die Lettern werden Sie bitte direkt der Gegend entnehmen!" Anstrich,
von links oben nach rechts unten, dann ein ½ Treppchen hinauf,
ein ½ hinab, den Anstrich wiederholen, diesmal umgekehrt gespiegelt.
Was ist das? Das ist ein W. Ein *Double-Vé*, wie der Franzose sagt.
Fremde Worte schmeckten straff, deutlich beschleunigt, wie mit Gips
abgebunden. Man darf hier keine Kommas setzen. Die waren aber da.
Eine Hand, schlaff und schlampig – stellte alles voll mit Kommata, oder?
Das Komma rammte seinen Haken an falscher Stelle in die Syntax ! ! !
Daselbst entsprang ein Quell von wilden Worten und von ollen Nelken.
O, dies wird alsbald ein Wallfahrtsort. Ein Kreis markiere diese Stelle!
Die Hand machte eine Geste, bezeichnete das Heiligtum, verschwand.
Zurückblieb ein Modell aus Styropor, Brot, *Pain* und eine kalkige Paste.

DER GESCHMACK VON STYROPOR

Konkret wird eher seine Konsistenz als sein Geschmack erinnert.
Ich aber schmeckte Staub, ein wenig Keller, kugelnde Stärke,
hustete, verschluckte mich und wollte mit Speichel nicht geizen.

Die Tiere des Waldes kamen heran, trommelten die Signaturen.
Sie markierten den Wallfahrtsort mit einem Container voll Blut.
Ich aber kaute indes im Rhythmus der Benachrichtigung weiter.

FRAU UND MARP

Ich nannte die Frau Frau. Schon war sie da. Ich erschuf den Marp.
Und nannte ihn Marp. Er geriet mir etwas abjekt. Ich entwarf eine Stadt.
Damit der Marp sich darin verhalte. Dies tat ich mit Umsicht und Sorgfalt.
Die Schöpfung wartete als Rennpferd in der Remise auf ihre Erschaffung.
Viele Kreise erschuf ich, Orte. Ich verteilte sie über die Landesverbände
und wies ihnen Sprecher sowie den Sprechern Stellvertreter (innen) zu.
Doch hatte ich zu diesem Zeitpunkt die Sprache noch nicht erschaffen.
Kaum war ich fertig damit, kritisierten die Sprecher das Wetter: schlecht.

GLADIOLEN

Ich erschuf die Gladiolen und stellte sie den Unkundigen vor.
Ihr Lilien! Diese Art der Konkretion zählt auf Sinn-Rudimente,
die leider vollkommen sinnlos sind: die reine wehende Leere.
Ich ließ die Gladiolen laufen. Hoppla. Hetzte sie ins Zitrüszelt
am Faden der Entschaffung. Zunächst verschwand der Marp.
Dafür erschienen Irma und Gina. Wären in jedem Fall erschienen.
Ich hieß sie Worte errichten, aus Blitzzement. Sie errichteten sie.
Ein Sprecher sagte: Sehen Sie, der Mai kommt wie ein Projektil.

VERKEHRSFÜHRUNG

Marp und Frau umrundeten sich in allen Lebenslagen.
Oder sagten sie nicht: Leichenwagen? Meinten Kreisel?
Die Verkehrsführung steht für zehn Minuten Seligkeit.
Schon ist sie wieder zu ändern. Sprecher versprachen,
die Sache komme schon bald an ihr vorläufiges Ende.

KURZER EXKURS ZUR HERSTELLUNGSPRAXIS

Ich hab den Marp ja mit der Hand gemacht. *Avec la Main*!
Der lieben Frauenhand: schlaff, prägend, voller Kommata.
Der Marp hat alles dazu mitgebracht. Er hat Talent, durchaus.
Doch reut es mich heut zutiefst, dass ich den Marp gemacht.

AUF OFFENER SEE

Ich nahm das Poster von der Wand. Wie leer sie war.
Ich besorgte Styropor und schnitzte alle denkbaren
diakritischen Zeichen. Ich geizte nicht mit Speichel.
Ein Hunger nach den großen Worten holte mich ein
wie ein Segel. Ohne Segel trieb ich dann am Horizont.
Hohe Wogen, ich orientierte mich an flockigem Brot,
an Fischzügen, Schaumkronen, Meeresschildkröten.

MAIGLOCK

Im Periodensystem gibt es drei Kreise, die sich niemals unterhalten.
Ein Kreis: Maiglöckchen. Ein Kreis: Maiglöckner. Ein Kreis: Maiglock.
Rösslein, Bäume, Bauer, Krokus, junges grünes schmackhaftes Laub.
Mit einer Warnung bestickte ich das Spannbetttuch, das Firmament.
Später schnitzte ich den Kommentar Wort für Wort aus Styropor.

DIE REHE

Seht her, da stehen die Rehe. Sie stehen da
wie liniert, wittern mit hoch erhobenen Köpflein
das H, mit dem man sie schreibt. H. H. H. H. H.

DER SINN

Der halbentschaffne Marp meldet sich zu Wort:
Sinn, so der Marp, sei reine Materialität. Nein!
Was soll denn das sein? Was trüge denn Sinn,
wenn nicht das Material? Was ist mit dem Mark,
wo alles hindurchgeht, und was mit dem Bein?
Es kann leider nicht alles dasselbe sein, Marp.

WIE ES WEITERGING

Die Frau verwaltete die Welt, der Marp verzierte sie.
Man litt ihn wohl, leitete ihn an, gab ihm ein Portfolio
Pronomen. Das leider, wie sich zeigte, nicht ganz
vollständig war. Doch war er immer mitgemeint. Ja.
So kam er vor. Er schloss sich den Pronomen an.
War gut und aufmerksam, sehr nett, zuweilen aber
auch bekümmert. 2018: Eine dolle Sache erschien
in der Kette der Signifikation: die Hummel, die Grube,
der Hering. Dies war der Dreiteiler der künftigen Welt.
Raumschiffe landeten und packten das alles wieder ein.

PRAXIS

Was tut der Marp? Er übermalt den Unterstand.
Das Auditorium kommt angerannt, und setzt sich.
Der Marp bildet eine Fortpflanzungsgemeinschaft
mit sich selbst. Tapfer. Er erläutert seine Übermalung,
I have made a place, sagt der Marp. *I created*, sagt er,
a situation, also eine Situation, die es vorher nicht gab.
Anerkennung herrscht im Auditorium, dann kippt es um.

TORTE

Ich sagte dem Marp: Hier lauf lang.
Laufe er mir das Wort TORTE.
Lege er es ab im Schnee. TORTE.
Taue er es auf die vereiste Fläche.
Jetzt Steigerung der Schwierigkeit:
Laufe er das Wort TORTE ohne Worte.

ABSTRAKTION

Auftrag: Schreiben Sie uns ein abstraktes Gedicht.
Schwarz, sieht aus wie Malewitsch, heißt: Kreis.
Nein, da täuscht ihr euch, es ist doch ein Quadrat.
Korrektur: Ich übermalte es mit Wandmarpfarbe.
Machte also ernst mit der Quadratur des Kreises.
Mir gebührte, diesen tiefen Widerspruch zu lösen,
noch bevor die Sonne niedersank am Straßenrand.
Unterwanderte hernach die Marp Brandenburg.
Bitte, bitte überweisen Sie den vollen Betrag ab jetzt
auf das Ihnen bekannte Konto bei der Postbank Essen.

KOPFNOTEN

Olle Nelken quengeln: Haben wir denn alles falsch gemacht?
Haben wir kein Feuer angefacht, in euren nassen Herzen?
Hört doch: Brom. Schlaft wohl. Dann. Abstraktion. Und Brot.
Kleine Abstraktion: Das sind die Brötchen. In anderen Booten:
Eine weiche grüne Paste, hoch bis zu den liebenden Rudern.
Das ist nicht korrekt. Nelken, es muss heißen: zu den Liebenden.
Und was? Rudern. Es sind nicht die Ruder, die lieben, sondern
die Liebenden, wohin die Paste rudert. Das gibt Punktabzug.
Ihr habt alles falsch gemacht. Wir geben den quengelnden Nelken
ein mickriges Laude bis hin zu Rite. Das ist für Nelken knallhart.

HÄRTE

Hart waren diese nicht weniger als jene.
Wer oder was? Die Nelken? Die Boote?
Nein, die aus meterhohem Gussbeton
im winterlichen Garten errichteten Worte.
Ein waldmeisterlicher Hauch, das auch.
Wie von Büffelgras, von Büffelgraskonfiture.
Von Eiden, von hochprozentigen Schwüren.
Die Liebenden zogen indes den Vorhang zu.
In der Remise amüsierte sich die Schöpfung,
wiehernd, soweit sie schon erschaffen war;
machte sie die ganze Weltennacht weiter.

DER TADEL

Der Tadel: Ich hab dir eine Stadt gebaut. Jetzt nutze sie.
Ich hab dir Straßen angelegt, Rabatten, mit Auberginen
und Rinnen, mit Infrastruktur, Kanalisation und Hotellen.
Wenn du einmal ganz oben ankommst, lasse dich fallen.
Wirf aus dem obersten Stockwerk dein längstes Haar,
erlaube dem Haar, dich ganz und gar mitzureißen.
Unten, auf dem Gehsteig aber, sei ein Sprungtuch.
Und es sei gespannt. Es werde gehalten wie eine Eins.
Die Notfallrettung ist vorbildlich in dieser Stadt, Marp,
welche ich dir baute. Jetzt nutze sie. Spaziere. Liebe.
Gehe bei den Lettern und den Leuten in die Lehre.
Kein einziges Wort schütze dich vor der Leere.
Und das Wort war: Gott. *What?* Gott. *What?* Gott.

MERCI

SCHNAUF

Seltsam, wie körperlich doch die Traurigkeit ist.
Wie eine Verbindung, die sich nicht lösen lässt,
weil es keine ist, weil es vielmehr eine Sphäre ist,
die größte aller Sphären ist, in der alles Nähe ist.
Die Traurigkeit, seltsam, wie tief im Körper sie sitzt,
wenn du nicht weißt, wo die tiefste Tiefe des Körpers ist,
musst du nur schauen, wo die Traurigkeit sitzt.
Schnauf. Wie körperlich doch die Traurigkeit ist.

DIE ESEL

Der Anblick der Namen, ihr Sinn. Bitte sagen Sie das in Richtung der Instrumente. Verfolgen Sie mit den Augen den Kabelverlauf, ziehen Sie Linien. Hören Sie aus dem Jenseits die Esel, die Esel fürchterlich schreien, ein allseits verfütterter Wahn macht sich bemerkbar als Brüllen, als umgekipptes vorübertreibendes Riff, das dein Bewusstsein mit Gram unterpflügt, gärendes Grünzeug treibt an, sie fressen es schneller, als gut ist, die hiesigen Esel, sie schlingen es schlingernd herunter in einem schlingernden Zug, worin sie die Hiesigkeit mit dem Jenseits verbinden. Zugestiegener, wo ist dein Ticket? Die Scheren öffnen sich weiter. Stromversorgung nicht länger gegeben. Es blinken die Instrumente. Dann scharren die Esel. Der Kabelschamane muss kommen! Der Kabelschamane. Es erfolgt die korrekte Einrichtung der Schläuche. Zufahrt. Abfahrt. Jaja. Es brüllen die Esel der Liebe. Am Eingang wedeln die Palmen. Was sagen Sie? Sie sagen leise: Lebe, in Richtung der Instrumente.

MERCI

Wie sagt man am Ende? Merci, sagt man. Da ist jetzt keine Leere mehr.
In den Gesten ist noch Licht, das geht. Sie haben uns zu sehr belohnt.
Wie sagt man noch? Etwa: Ich danke Ihnen für das Verenden der Leere.
Sie haben Licht gemacht. Mit Ihren Armen. Dafür danke ich Ihnen sehr.
Und was sagt man danach? Da zählt man dann die Farben auf. Falsch!
Voll falsch. Nach dem Ende steht die Schwerkraft gegen die Fliehkraft.
Licht, Luft und Nahrung waren Ihnen zunächst äußerlich. Das ist richtig.
Die Fuchtel einer aufgebrachten Geste, beteiligt am Entstehen der Beine.
Das Gesetz der Bewegung verlangt, in Richtung des Himmels zu stürzen.
Am Ende war keine Gnade, Sie aber sagten: Danke, am äußersten Ende.
Aber sagt man das auch? Und wenn ja, wann soll man es sagen, zu wem?
Sie waren zu zweit. Das machte das Sagen leichter, machte es schwerer.
Die Bewegung könnte das tragen, hinstellen, eben bewegen. Am Ende
natürlich Erbarmen. Nein, war da nicht. Am Ende war nichts als der Wunsch,
nicht länger zu warten, ab heute nicht mehr auszuharren, in der Schräglage
einer Frage, Geste oder Bitte um Entschuldigung, einer angelehnten Reue
oder Äußerung der Reue in unverständlicher Sprache. Harren Sie also aus,
im Dank des unergründlichen Sogs oder Songs, der ganz leise nach oben,
unten, zur Seite, zur anderen, in Bewegung gerät. Der Dank ist das Fremde.
Das bleibt, wenn es zum Abschied kommt. Des Gastes, wenn er weitermuss.

WAHNSINN FASST

Ach, der Wahnsinn fasst mich an.
Das ist ja fast beruhigend.
Herzenshändel. Herzenshandel.
Jetzt nimm es doch hinaus.
Wo finde ich es denn? Mittig.
Irgendwie. Wir bilden einen
(einen einzigen!) Blutkreislauf
für alle. Und wiederholen
da, wo es ans Ende geht,
den betörten, den sanften
Beginn, wenn im Paradies
ziemlich *cheesy*, im Sinne von
schmierig, die Tore aufgehn.

YÜZ

Die Nacht hat mir das Kreuz abgehängt, äh, ausgerenkt,
ich muss mich auf der Matte biegen.

Jetzt hast du schon wieder gelogen.
Und dies ist nur die erste Lüge von vielen.

Yüz – deine hundert Gesichter.
Ich sehe sie von allen Seiten mir an,
bin aber natürlich auf die Bilder verwiesen.
Diese Angewiesenheit, auf der Wiese zu liegen.
Kämest du von oben auf mich herab
oder mir von der Seite entgegen, dazwischen
büschelt das Gras, es büschelt das Grab,
ich komme jetzt zum Erliegen.

Yüz – deine hundert Gesichter.

EIN ANDERES BLAU (Hüttenweg, viele junge Jahre)

Wintermöwen, sie wirbeln schneeweiß.
Wesen zwischen Federn und Fetzen.
Blendhell wie zerrissene Briefe
mit etwas Grau an den Schwingen.
Sie wirbeln im Licht des Morgens.
Und Blau ist der nasse Grund,
auf dem sie das tun, blau, blau,
wie das Blau all unserer Tränen,
die nun wirklich nicht blau sind.
Madonnen, Kacheln, Windows,
Matten, und was noch war blau?
Die Lippen, die Augen der Fertigen, der
Apothekerin in der alten Apotheke
Perleberger Ecke Rathenower.
Offenbar bin ich wieder zurück.

Festlicher Gesang für all das, was das Ich 2014 begriffen
und in diesem Moment für immer missverstanden hat.
Selbstverzehrendes Bewusstsein, burleske Camouflage
vor sich selbst! Ein Bewusstsein, das es besser könnte,
aber dazu jemand anderem gehören müsste. *Zut (alors).*

Das Ich stand im Funkenregen zenbuddhistischer widersinnig
wirksamer Angst, die vor allem aus Funken über Palmen bestand.
Und Pulverwolken, Currypulver, Feuerwerksraketen. Hat das Ich
den Anderen domestiziert? Darf er oder sie sich nicht mehr bewegen?
Hat das Ich gar etwas verinnerlicht, was eigentlich nach außen gehört?

Das Ich spricht von seinem Inneren. Und alles andere sei außen.
Aber das stimmt so ja nicht. Nachts um drei im Netz zum Beispiel.
Delusional self loathing, digital harm, Verschmelzungskatastrophe.
(Ich habe einen Feind und ich bin dieser Feind. Oder: Das Ich ist er.)
Bedenke: der rückwärtige Sog der sich hinter dir erhebenden Welle.

Todeskulte, die sich maskieren als lebenstüchtige Akteure,
als Aktionäre, in Form einer metonymischen Umschließung
des Opfers durch seinen Mörder. Kranichtrophäen, Selbstverräter.
Hingegen: das liebe, schnuppernde, etwas verloren die Fläche
begehende, in neue Scheue, ins Fremdeln hineinflüchtende Ich.

Alles, was du nicht sein kannst, der unmögliche Neid,
doch Neid gleichwohl, du armes Ich. Wünschst du dir das,
was sich selber vernichtet, sobald du es hast, das Ich-Ideal,
zugleich mit dem Wunsch und dem Wunschbild von dir,
und dir, die du das gar nicht genießen kannst. Die Geister
derer, die du vernichtetest, sind es viele? Nicht so viele.

DIE TOTEN

Da war diese Welt. Die Menschen kamen
sehr spät noch hinzu, sie vermehrten
und töteten sich. In der Zwischenzeit
entwickelten sie Helme, die Zivilisation
und diverse kostspielige Waffensysteme.
Damit machen sie einstweilen weiter.
Ich habe dem nichts hinzuzufügen,
es gibt heut kein Gedicht. Höchstens dies:
„Mehr Mitspracherecht für die Toten."

ANMERKUNGEN

Das Gedicht DIE REINE AFFIRMATION zitiert eine Passage aus Karl Kraus' Operetten-Aufsatz „Grimassen über Kultur und Bühne". Karl Kraus: Die chinesische Mauer. Schriften. Frankfurt am Main 1987.

Das Motto, das dem Gedicht LEIER RAUS ZUM PARAKLAUSITHYRON voransteht, stammt aus dem Libretto zur Offenbach-Operette „Les Brigands" – Die Banditen von Henri Meilhac und Ludovic Halévy. Übersetzt von Richard Genée, bearbeitet von Karl Kraus.

AUS DEN MÜDEN AUGEN – das voranstehende Motto aus dem Buch „Der Pilz am Ende der Welt" von Anna Lowenhaupt Tsing (Berlin 2018) erscheint in der Übersetzung von Dirk Höfer.

Das Gedicht ALLE TÜREN AUF, PUTZI nimmt Kontakt auf zu der mit dem Buchstaben P überschriebenen Passage des Langgedichtes „Gruß an Walt Whitman" von Álvaro de Campos, in der Übersetzung von Inés Koebel. Fernando Pessoa / Álvaro de Campos: Poesie und Prosa. Aus dem Portugiesischen übersetzt, herausgegeben und mit Anmerkungen versehen von Inés Koebel. Frankfurt am Main 2014.

In dem Gedicht WEIN IN STRÖMEN, das im Auftrag der Süddeutschen Zeitung für ihre Sonderausgabe zu Hundert Jahren Dadaismus entstanden ist, erscheint eine umgestellte Zeile aus Hans Arps Gedicht „weh unser guter kaspar ist tot". Zweite Fassung. Hans Arp: Gesammelte Gedichte. Gedichte 1903 – 1939. Wiesbaden 1963.

Das Gedicht DER GROSSE PLASTIKSTRUDEL steht in Verbindung mit dem 200-seitigen Langgedicht MEI des niederländischen Dichters Herman Gorter, das 1889 erschienen ist. 1909 folgte die deutsche Übersetzung von Max Koblinsky im Leipziger Maas & Van Suchtelen Verlag.

Das Gedicht RACHEGEDÄCHTNIS verarbeitet das Kapitel „Der Gedächtnissaft" aus Eduardo Viveiros de Castros Buch „Die Unbeständigkeit der wilden Seele", in der Übersetzung von Oliver Precht. Wien und Berlin 2016.

Das Gedicht NACH DER OUVERTÜRE: TÜREN SCHLAGEN zitiert eine Passage aus dem Briefwechsel von Theodor W. Adorno und Siegfried Kracauer: „Der Riß der Welt geht auch durch mich". Briefwechsel 1923 – 1966. Herausgegeben von Wolfgang Schopf. Frankfurt am Main 2008. In seinem Brief vom 13. Mai 1937 unterzieht Adorno Kracauers gerade erschienenes Buch „Jacques Offenbach und das Paris seiner Zeit" einer vernichtenden Kritik.

Außerdem finden sich im gesamten Operetten-Kapitel des vorliegenden Bandes Spuren aus Siegfried Kracauers Buch „Jacques Offenbach und das Paris seiner Zeit". Frankfurt am Main 1976. Und aus Volker Klotz: Operette. Porträt und Handbuch einer unerhörten Kunst. München 1991.

Das Ende des Gedichtes UNSERE RIESIGEN FURCHTBAREN POTENZIELLEN AFFINEN (und sein Titel) beziehen sich auf das Kapitel „Perspektivismus und Multinaturalismus im indigenen Amerika" aus Eduardo Viveiros de Castros Buch „Die Unbeständigkeit der wilden Seele", in der Übersetzung von Oliver Precht. Wien und Berlin 2016.

In das Gedicht OPERETTE ALTERSARMUT ist eine Passage aus dem Buch „Gespenster" von César Aira eingebaut: „Die Mbutu-Hütten sind Isotopenschalen, bei denen sich an jedem Punkt ein Loch auftun kann; das Einzige, was die Mbutu auftun, ist die Tür, sie öffnen sie in Richtung der Nachbarn, mit denen sie sich am besten verstehen. Aus diesem oder jenem Grund verträgt sich die Dame nicht mit Frau Nachbarin? Kein Problem, sie machen die Tür dicht und eine andere auf, mit Blick auf die Nachbarn der anderen Seite. Die Forscher, die diesen Zusammenhang erkannt haben, sind nicht bis zur letzten Konsequenz dieses Systems vorgedrungen: dass nämlich der wirklich kollektive Mbutu in einem Haus wohnen würde, das ganz Tür ist, also ohne Haus, und dass umgekehrt das fertige, vollständige Bauwerk auf Feindschaft gründet." César Aira: Gespenster. Übersetzt von Klaus Laabs. Berlin 2012.

Das Gedicht AUSWILDERUNG DES ICH ist angeregt durch das Kapitel „Die Immanenz des Feindes" aus Eduardo Viveiros de Castros Buch „Die Unbeständigkeit der wilden Seele", in der Übersetzung von Oliver Precht. Wien und Berlin 2016.

satisfaction is a lowly thing, how pure a thing is joy
Marianne Moore: *What are years*

Ode und Burleske sind, was ihre Wahrhaftigkeit betrifft, gleichwertig; es sind lediglich zwei dichterische Gattungen, zwei Ausdrucksmittel, gegebenenfalls für ein und dasselbe Thema.
Roman Jakobson: *Was ist Poesie*

Monika Rinck lebt in Berlin. Sie studierte Religionswissenschaft, Allgemeine und Vergleichende Literaturwissenschaft und Germanistik in Bochum, Berlin und an der Yale-University New Haven. Seit 1989 diverse Veröffentlichungen in vielen Verlagen. Im Frühjahr 2012 erschien der Lyrikband HONIGPROTOKOLLE bei kookbooks, für den sie den Huchel-Preis erhielt. Im Frühjahr 2015 folgte RISIKO & IDIOTIE, Streitschriften, im selben Verlag. Monika Rinck ist Mitglied im P.E.N.-Club, der Lyrikknappschaft Schöneberg, der Akademie der Künste Berlin und der Deutschen Akademie für Sprache und Dichtung. 2015 erhielt Monika Rinck den Kleist-Preis und 2017 den Ernst-Jandl-Preis. Im Jahr 2017 kuratierte sie das Festival POETICA in Köln. Sie übersetzt, gemeinsam mit Orsolya Kalász aus dem Ungarischen, kooperiert mit Musikern und Komponisten und lehrt von Zeit zu Zeit an der Universität für angewandte Kunst in Wien. Im Frühjahr 2018 erschien KRITIK DER MOTORKRAFT bei brueterich press, ein Jahr darauf folgte das Lesebuch CHAMPAGNER FÜR DIE PFERDE im S. Fischer Verlag. www.begriffsstudio.de

Monika Rinck dankt Christian Filips, Orsolya Kalász, der Kulturakademie Tarabya, Istanbul, und der Villa Aurora, Los Angeles.
[Und der Komischen Oper Berlin, dafür, dass es sie gibt].

978-3-937445- KOOKBOOKS REIHE LYRIK

00-7 Daniel Falb **die räumung dieser parks**
03-8 Steffen Popp **Wie Alpen**
04-5 Ron Winkler **vereinzelt Passanten**
14-4 Gerhard Falkner **Gegensprechstadt – ground zero +** CD Music by David Moss
16-8 Uljana Wolf **kochanie ich habe brot gekauft**
18-2 Hendrik Jackson **Dunkelströme**
22-9 Tom Schulz **Vergeuden, den Tag**
23-6 Monika Rinck **zum fernbleiben der umarmung**
27-4 Christian Schloyer **spiel•ur•meere**
29-8 Sabine Scho **Album**
30-4 Christian Hawkey **Reisen in Ziegengeschwindigkeit**
34-2 Sabine Scho **farben**
35-9 Steffen Popp **Kolonie Zur Sonne**
37-3 Monika Rinck **Helle Verwirrung & Rincks Ding- und Tierleben**
38-0 Uljana Wolf **falsche freunde**
39-7 Daniel Falb **BANCOR**
41-0 Martina Hefter **Nach den Diskotheken**
42-7 Matthea Harvey **Du kennst das auch**
43-4 Alexej Parschtschikow **Erdöl**
44-1 Alexander Gumz **ausrücken mit modellen**
45-8 Mathias Traxler **You're welcome**
46-5 Daniela Seel **ich kann diese stelle nicht wiederfinden**
47-2 Michael Palmer **Gegenschein**
49-6 Monika Rinck **Honigprotokolle**
50-2 Dagmara Kraus **kummerang**
51-9 Gerhard Falkner **Pergamon Poems** + DVD 5 Gedicht-Clips von C. Lieb & F. v. Boehm
52-6 Hendrik Jackson **Im Licht der Prophezeiungen**
53-3 Christian Hawkey / Uljana Wolf **SONNE FROM ORT**
54-0 Steffen Popp **Dickicht mit Reden und Augen**
55-7 Martina Hefter **Vom Gehen und Stehen. Ein Handbuch**
56-4 Tristan Marquardt **das amortisiert sich nicht**
57-1 Uljana Wolf **meine schönste lengevitch**
60-1 Ulf Stolterfoht **neu-jerusalem**
61-8 Katharina Schultens **gorgos portfolio**
62-5 Karla Reimert **Picknick mit schwarzen Bienen**
63-2 Farhad Showghi **In verbrachter Zeit**
65-6 Rike Scheffler **der rest ist resonanz**
66-3 Linus Westheuser **oh schwerkraft**
67-0 Rozalie Hirs **gestammelte werke**
69-4 Sonja vom Brocke **Venice singt**
70-0 Dagmara Kraus **das vogelmot schlich mit geknickter schnute** zweiundzwanzig elfzeiler
71-7 Daniel Falb **CEK**
72-4 Christian Filips / Monika Rinck / Franz Tröger **Lieder für die letzte Runde** CD
73-1 Daniela Seel **was weißt du schon von prärie**
75-5 **mehr als pullover borgen** Anthologie Finnisch–Deutsch
77-9 Martina Hefter **Ungeheuer.** Stücke / Gedichte
78-6 Yevgeniy Breyger **flüchtige monde**
81-6 Birgit Kreipe **SOMA**
80-9 Anja Bayer, Daniela Seel (Hg.) **Lyrik im Anthropozän** Anthologie
82-3 Cia Rinne **zaroum / notes for soloists / l'usage du mot**
83-0 Eugene Ostashevsky **Der Pirat, der von Pi den Wert nicht kennt**
84-7 Steffen Popp **118**
85-4 Mette Moestrup **Stirb, Lüge, stirb**
86-1 Alexander Gumz **barbaren erwarten**
87-8 Farhad Showghi **Wolkenflug spielt Zerreißprobe**
88-5 Katharina Schultens **untoter Schwan**
90-8 Martina Hefter **Es könnte auch schön werden** Gedichte/Sprechtexte
91-5 Hendrik Jackson **Panikraum**
92-2 Susanne Schulte, Daniela Seel (Hg.) **Sibyllen & Propheten Triggerpunkte tom Ring**
93-9 Ulf Stolterfoht **fachsprachen XXXVII – XLV**
94-6 Christiane Heidrich **Spliss**
95-3 Tristan Marquardt **scrollen in tiefsee**
96-0 Monika Rinck **Alle Türen** Gedichte
97-7 Georg Leß **die Hohlhandmusikalität** Gedichte
98-4 Daniel Falb **Orchidee und Technofossil** Gedichte

Reihe Lyrik Band 63 | 1. Auflage 2018
Gestaltung: Andreas Töpfer | Gesetzt aus der Akzidenz-Grotesk Next
Druck & Bindung: Steinmeier, Deiningen | Printed in Germany | 978-3-937445-96-0